本书由教育部人文社会科学规划基金项目（编号21YJA840013）
和山东省自然科学基金项目（编号ZR2020ME217）共同资助

# 青岛乡村发展与建设

祁丽艳 纪爱华 杨康◎著

中国海洋大学出版社
·青岛·

**图书在版编目（CIP）数据**

青岛乡村发展与建设 / 祁丽艳，纪爱华，杨康著. —青岛：中国海洋大学出版社，2023.9

ISBN 978-7-5670-3628-4

Ⅰ.①青… Ⅱ.①祁… ②纪… ③杨… Ⅲ.①农村–社会主义建设–研究–青岛 Ⅳ.①F327.523

中国国家版本馆CIP数据核字（2023）第182434号

QINGDAO XIANGCUN FAZHAN YU JIANSHE

---

**出版发行** 中国海洋大学出版社
**社　　址** 青岛市香港东路23号　　**邮政编码** 266071
**出 版 人** 刘文菁
**网　　址** http://pub.ouc.edu.cn
**电子信箱** 502169838@qq.com
**订购电话** 0532-82032573（传真）
**责任编辑** 由元春　　**电　　话** 0532-85902349
**印　　制** 青岛国彩印刷股份有限公司
**版　　次** 2023年9月第1版
**印　　次** 2023年9月第1次印刷
**成品尺寸** 185 mm × 260 mm
**印　　张** 11.25
**字　　数** 215千
**印　　数** 1~1000
**定　　价** 39.00元

# 序

首先，我要真诚地感谢祁丽艳老师，因为她让我有幸提前拜读了这本凝结了她和她团队很多心血的专著。说起来惭愧，虽然生于青岛，并且在乡村规划建设领域从业十余年，却几乎没有机会坐下来，认真学习了解青岛的乡村。尽管很多小村庄的印记仍然停留在我脑海深处，但我很少亲身去体验。因此，当我打开书稿后，很快就读完了。尽管书中描述的许多村庄我从未亲眼见过，但那些熟悉的印象仍然清晰地浮现在我的脑海中。不论是被砖石墙面所界定的街巷，还是整齐划一的房屋瓦顶和庭院，抑或周边吹拂而来的咸湿海风、山间清新的微风，又或者是树木在风中沙沙作响的声音，它们在我的脑海中交织出一幅幅栩栩如生的画面。对我而言，已经分不清是真实的记忆，还是混杂着记忆和想象的交织。

当然，我还要说一下内心的不安。虽然未曾迟疑地答应了祁丽艳老师的作序要求，但我内心深处仍然认为这样的荣幸更多源于我是青岛人，且与祁丽艳老师相熟于多年的乡村规划建设教育事业。因此，我才壮胆爽快答应下来，童年的乡间记忆融合着专业知识，看完书稿，在此谈点体会，仅作为交流与诸位分享。

视野开阔是这本书的一个显著特点。首先，它不仅回顾了青岛乡村的历史发展进程，还系统梳理了山东乃至中国乡村的发展历程，特别是中华人民共和国成立后的乡村发展历程。因此，读者不仅可以对青岛乡村的发展历程有所了解，还能了解山东和中国乡村发展的历程。对于初步了解青岛乡村乃至国内乡村情况的读者而言，这本书非常友好。其次，在篇幅有限的情况下，书中通过实例涵盖了多种类型的青岛村庄。其中包括中国历史文化名村到国家和省级传统村落的保护层级线索，涉及了从海防到海商再到海渔的经济类型线索，以及从特色乡村到新型乡村社区再到美丽示范乡村直至乡村振兴示范村片区的政策阶段进程线索。这使得读者能够快速了解青岛乡村的特色及乡村工作的概况。最后，书中用两个篇章总结了青岛乡村发展的特点，并对伴随发展过程中的乡、城、土、人、业、文、治等议题进行了思考，为未来的发展指明了方向。

图文并茂是这本书的另一个显著特点。除了在一些政策演变和社会经济发展等方面使用了图表，提高了阅读的便捷性和舒适度之外，该书还使用了一些具有对比性和感染力的数据图表、历史照片，甚至重新处理绘制了示意图、平面图等，明显提升了该书的使用价值和信息量。这些图表，其所提供的信息不仅明显便利了阅读，还方便了读者根据自己的需求进行进一步的解读。

案例化阐述则是本书的第三个特点。如今中国行政村仍有五六十万个，自然村落更是达到数百万个。然而，通常查阅或者阅读文献时，最大的感受就是大多数村庄的历史记录仅仅停留在部分演说者的口中，少有经过略加严谨整理的文字记录。若干年后，大多数村庄的历史记录，特别是在快速城镇化和合村并居的过程中，都将不复存在。因此，尽可能快速地用图文、文本等方式记录更多的村庄历史，对于这样宏大的历史背景而言，本身就具有重大意义。对于那些经常在乡村开展工作的专业工作者来说，他们深知其中的不易。

书中还有很多其他的闪光点,比如对于百年前青岛乡村建设的城乡一体化判断等,都颇具意义。当然，在阅读过程中也会发现一些令人感到遗憾的地方，例如，部分文字的准确性还有待商榷，案例村庄内容的统一性、专业性有待提高，虽然这些并不会影响基本的阅读体验。当然，这些内容可以留待今后不断完善，但收集整理这些资料估计并不容易，预祝祁丽艳老师的后续工作成果能够尽快呈现。

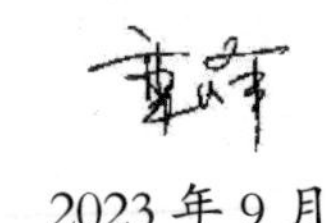

2023 年 9 月

# 前言

本书响应“乡村振兴”国家战略，以青岛“乡村振兴攻势”下的乡村发展与建设为研究对象，结合实证调研，概述了青岛乡村治理改革与经验，总结了青岛乡村发展的类型与特征。本书首先对我国及山东乡村的发展历程进行了简要分析，以青岛地区乡村的产生、发展背景为研究对象，展示了特定地域下乡村建设与发展的特点；其次，以青岛近百个乡村的实地走访、系统调研与深入剖析为基础，对青岛市乡村相关实践成果进行梳理，总结青岛市城乡关系现状，明晰乡村发展在历史资源、乡村产业、空间布局、文化信仰、乡村治理等方面的基础特征；再次，结合青岛的地域性特征，突出青岛的文化地理特征，以传统村落、海洋渔村、美丽示范乡村、新型乡村社区和乡村振兴示范片区五类代表性乡村为观察对象，剖析典型乡村的发展特色与困境，比较乡村治理差异下的乡村发展机遇与挑战；最后，结合乡村振兴的目标以及不同乡村类型及发展模式，审视青岛乡村发展、治理和振兴的综合性特征，提出青岛在乡与城、乡与土、乡与人、人与业、人与文、乡与治等方面的系统性思考，总结地方性乡村发展与建设的成功经验，探索青岛乡村未来发展的可行路径。

乡村作为人类聚落空间发展的最初与最重要形式之一，是人类现代文明进步的重要标志；也是我国全面建设社会主义现代化国家，实现第二个百年奋斗目标的关键点。2003年至今的20年中，中央一号文件中有很多是关于我国“三农”的工作部署；2014年，国务院办公厅发布《关于改善农村人居环境的指导意见》，提出“规划先行，分类指导农村人居环境治理”的要求；2018年，中共中央、国务院下发《国家乡村振兴战略规划（2018—2022年）》，明确了“科学把握乡村的差异性和发展走势分化特征，分类施策，根据发展现状和需要分类有序推进乡村振兴”。在乡村振兴战略中，遵循我国乡村发展的区位优势、产业基础、资源禀赋、文化特征等规律性特征，探索差异性的、适宜的发展形式以及科学实现乡村全面振兴的有效路径，是当前我国乡村规划与发展顶层设计的首要任务。

# 目录

## 第一章 | 中国的乡村时代



## 第二章 | 青岛的乡村发展历程

## 第三章 | 青岛的海洋传统村落

## 第四章 | 青岛的海洋特色渔村



## 第五章 | 青岛的美丽示范乡村

## 第六章 | 青岛的新型乡村社区

## 第七章 | 青岛的乡村振兴示范片区



## 第八章 | 青岛的乡村发展特点

## 第九章 | 青岛的乡村发展思考

# 第一章 | 中国的乡村时代

千年农业大国历经农业时代、工业时代的跌宕，在辉煌的城镇化进程中迎来乡村振兴的序曲。农业文明在崭新的人类聚落关系的重塑中，锚定历史坐标。今日的中国，正努力探索共同富裕的社会主义乡村适应性路径。

# 第一节 时代的乡村

20 世纪 20 年代开始，我国的有识之士即以“乡村运动”作为济弱扶贫、挽救农业大国、复兴民族的重要实践，覆盖全国的改良农业、兴办教育、健全卫生保健制度等运动试水乡村改革，拉开了我国乡村变革的巨幕[①]。中华人民共和国成立以来，我国乡村的发展经历了城乡分割、城乡二元、城乡统筹和城乡融合四个发展阶段。

“耕者有其田”是民主革命的胜利成果。中华人民共和国成立之初，以土地改革方式奠定了我国社会主义的土地制度，也进入了城乡“土地分治，户籍分管，城乡分割”的发展时期。《土地改革法》和《国家建设征用土地办法》使我国约 3 亿农民获得了将近 7 亿亩的土地；“粮食三定”和生产生活集体化，以资本积累实现了农业作为粮食保障、城市运行、工业发展的基础支撑。为快速恢复农业生产、提高生产效率，全国皆以互助组、生产合作社到人民公社的集体所有、共同劳动为乡村的生产组织模式，以国营供销合作社为城乡市场组织模式。我国乡镇在这一时期以人民公社为单元的“高度集中、高度综合、高度统一”的空间组织模式，形成了人民公社—生产大队—居民点三级乡村空间体系。

伴随着改革开放，家庭联产承包责任制将中国乡村推向了快速发展的全新格局，统分结合的双层经营体制写入宪法，包产到户形成了“一家一户，一亩三分地”的农业生产格局。随着农产品统派统购统销改革，农产品市场体系的建立促进了农业经济的发展；以乡镇企业为代表的集体经济和小农经济释放带来的个体经济都获得了空前发展。以“家户小农、流动小农、市场小农”为典型特色的农村经济，在一定时期内促进了农民生活水平的提高，乡村社会、乡村建设有了更为宽松自由的发展空间。1979 年底，以在青岛联合召开的全国农村房屋建设工作会议为标志，村镇建设“逐步走上了有引导、有规划、有步骤的制度化发展轨道”[②]。随着《村庄和集镇规划建设管理条例》《村镇规划标准》（GB 50188—1993）等的实施，乡村建设指引以保护耕地、控制建设用地、规范农房建设、完善基础设施建设为重点，

① 郑大华．民国乡村建设运动 [M]．北京：社会科学文献出版社，2000．

② 王立权．全国农村房屋建设工作会议在青岛召开 [J]. 农业工程， 1980（01）：33-34.

掀起了乡村建设的建设高潮。但是分散的小农经济在市场化进程中劣势逐渐凸显，1996～2003 年，我国城镇化高位维持在 1.4% 的水平，伴随着劳动力大量流向城市，乡村建设经历了短暂的发展后停滞不前。

2003 年开始，面对乡村发展出现的一系列问题，党的十六大报告首次提出“统筹城乡经济社会发展”的重大战略思想，开启了破除城乡二元体制的历史进程，进入“工业反哺农村，城市支持农村，实现工业与农业、城市与农村协调发展”的城乡统筹阶段。历年有关“三农”的中央一号文件（见表 1.1），以全面深化农村改革为目标；以《农民专业合作社法》《物权法》《农村土地承包经营纠纷调解仲裁法》等法律法规完善为基础；财政政策上则于 2006 年废除农业税，采取“少取多予放活”的政策；土地政策上提出土地承包权长久不变、农地“三权”分置、宅基地有偿使用等政策促进城乡土地市场一体化。这一阶段的发展战略为建设“生产发展、生活富裕、乡风文明、村容整治、管理民主” 的社会主义新农村。在规划建设中以村庄整治为主导，中央一号文件和《村庄整治技术规范》（GB 50445—2008）《村庄规划用地分类指南》等进一步完善了乡村规划建设。

表 1.1 历年有关“三农”的中央一号文件的核心内容

| 时间 | 文件 | 核心内容 |
|---|---|---|
| 1982 | 《全国农村工作会议纪要》 | 正式承认包产到户合法性，肯定多种形式的责任制，特别是包干到户、包产到户 |
| 1983 | 《当前农村经济政策的若干问题》 | 放活农村工商业，提出了“两个转化” |
| 1984 | 《关于 1984 年农村工作的通知》 | 发展农村商品生产，在稳定和完善生产责任制的基础上，提高生产力水平，疏理流通渠道，发展商品生产 |
| 1985 | 《关于进一步活跃农村经济的十项政策》 | 取消统购统销 |
| 1986 | 《关于 1986 年农村工作的部署》 | 增加农业投入，调整工农城乡关系 |
| 2004 | 《关于促进农民增加收入若干政策的意见》 | 首次将增加农民收入作为重要战略，坚持“多予、少取、放活”的方针 |
| 2005 | 《关于进一步加强农村工作提高农业综合生产能力若干政策的意见》 | 提高农业综合生产能力，加强农业基础设施建设，加快农业科技进步，提高农业综合生产能力 |
| 2006 | 《关于推进社会主义新农村建设的若干意见》 | 社会主义新农村建设，必须坚持以发展农村经济为中心；坚持“多予少取放活”的方针，重点在“多予”上下功夫 |

（续表）

| | | |
|---|---|---|
| 2007 | 《关于积极发展现代农业扎实推进社会主义新农村建设的若干意见》 | 发展现代农业是社会主义新农村建设的首要任务 |
| 2008 | 《关于切实加强农业基础建设进一步促进农业发展农民增收的若干意见》 | 加强农业基础建设，加大“三农”投入；全面部署发展现代农业 |
| 2009 | 《关于2009年促进农业稳定发展农民持续增收的若干意见》 | 促进农业稳定发展农民持续增收；稳定农业生产，千方百计促进农民收入持续增长 |
| 2010 | 《关于加大统筹城乡发展力度进一步夯实农业农村发展基础的若干意见》 | 在统筹城乡发展中加大强农惠农力度，强调了推进城镇化发展的制度创新，要把加强中小城市和小城镇发展作为重点 |
| 2011 | 《关于加快水利改革发展的决定》 | 首次对水利工作进行全面部署 |
| 2012 | 《关于加快推进农业科技创新持续增强农产品供给保障能力的若干意见》 | 加快推进农业科技创新，作为“三农”工作的重点 |
| 2013 | 《关于加快发展现代农业进一步增强农村发展活力的若干意见》 | 进一步增强农村发展活力，强化农业、惠及农村、富裕农民 |
| 2014 | 《关于全面深化农村改革加快推进农业现代化的若干意见》 | 全面深化农村改革，深化农村土地制度改革，构建新型农业经营体系 |
| 2015 | 《关于加大改革创新力度加快农业现代化建设的若干意见》 | 新常态下，强化农业基础地位、促进农民持续增收，是必须破解的一个重大课题 |
| 2016 | 《关于落实发展新理念加快农业现代化实现全面小康目标的若干意见》 | 用发展新理念破解“三农”新难题，加大创新驱动力度，推进农业供给侧结构性改革，加快转变农业发展方式，保持农业稳定发展和农民持续增收 |
| 2016 | 《关于深入推进农业供给侧结构性改革加快培育农业农村发展新动能的若干意见》 | 深入推进农业供给侧结构性改革；优化农业结构，推进提质增效，增强可持续发展能力；拓展农业产业链、价值链 |
| 2018 | 《关于实施乡村振兴战略的意见》 | 对乡村振兴进行战略部署，乡村振兴战略的“四梁八柱” |
| 2019 | 《关于坚持农业农村优先发展做好“三农”工作的若干意见》 | 优先发展做好“三农”工作 |

（续表）

| | | |
|---|---|---|
| 2020 | 《关于抓好“三农”领域重点工作确保如期实现全面小康的意见》 | 坚决打赢脱贫攻坚战，如期实现全面小康，聚焦两大任务、两个抓好、两个确保 |
| 2021 | 《关于全面推进乡村振兴加快农业农村现代化的意见》 | 全面推进乡村振兴加快农业农村现代化 |
| 2022 | 《关于做好2022年全面推进乡村振兴重点工作的意见》 | 牢牢守住保障国家粮食安全和不发生规模性返贫两条底线，充分发挥农村基层党组织领导作用，扎实有序做好乡村发展、乡村建设、乡村治理等重点工作 |

## 第二节　齐鲁的乡村

山东省不仅是我国的经济强省，更是我国的农业、农村大省。根据国家统计局数据，2022年山东省农业总产值达到5814.56亿元，居全国第2位；地区生产总值位居全国第3；城镇化水平为63.94%，位居全国第14位；山东省行政村数量为6.96万个，居全国第1位。毫无疑问，农业、农村、农民对山东省的经济社会贡献相对其他经济大省更为明显（见图1.1）。但是，在经济强省、农业大省的光环下，庞大的乡村数量与分散的小农经济，低密度的人居环境与亟需提升的服务设施，持续推进的城镇化和加剧的村庄空心化、老龄化等，一直横亘在齐鲁大地，成为亟待探索与解决的重大课题。

中华人民共和国成立后，人民公社“一大二公”的体制在一定程度上束缚了生产力的发展；改革开放后至1983年底，山东省基本建立了以家庭承包经营为基础、统分结合的双层经营体，“三级所有、队为基础”的人民公社体制被彻底改革，实行政社分开，撤社建乡；截至1984年，山东省内共计2109个人民公社已全部被改建为乡镇。家庭联产承包责任制的推行，从根本上解决了山东省农民的吃饭问题。

20世纪80年代开始，是农村改革逐步迈向市场化的阶段，也是农村改革向社会

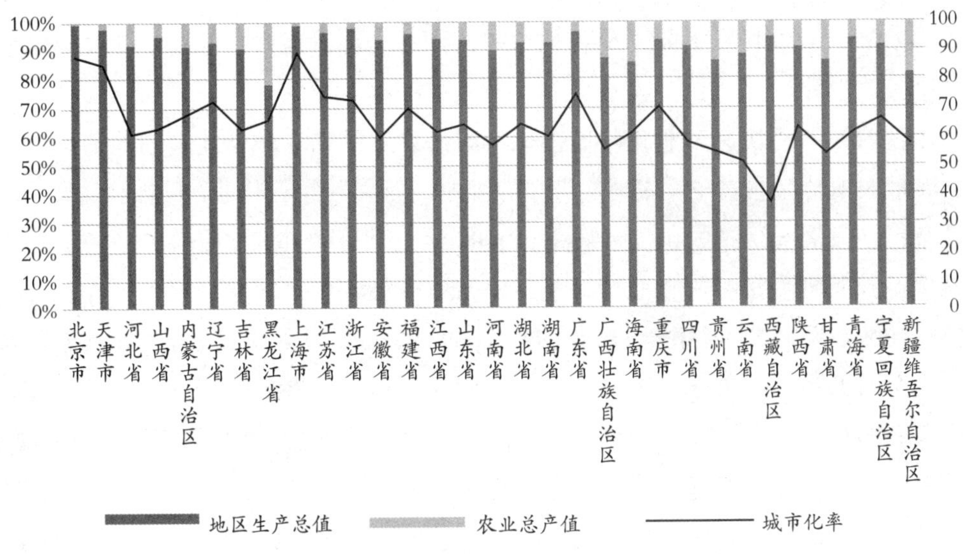


图 1.1　我国 31 个省（自治区、直辖市）农业总产值占比及城镇化水平对比

主义市场经济体制转轨的阶段。这一阶段以改革农产品流通体制、调整农村产业结构、培育农产品市场和促进非农企业发展等内容为改革重心。农业产业化经营的快速发展和乡镇企业的崛起，有力地促进了农村剩余劳动力向非农产业和城镇的转移，加快了山东省的工业化、城镇化进程。到 1990 年底，山东省乡镇企业已达 144 万个，总产值突破 1000 亿元。随着乡镇企业的快速发展、村与村之间的贫富差距逐渐拉大等因素，全国出现了村庄合并现象，山东省称之为行政村合并，主要分为扩张式兼并、联合式兼并和扶贫式兼并等。扩张式兼并是指一些经济强村或村内强企业出于扩大规模、加快发展的需求而兼并弱村、穷村；联合式兼并是一种渐进的村庄兼并，是以村与村之间原有的组织和管理体制暂时不变为基础，在经济发展与村镇建设两方面采取合同契约等方式进行合作，使人口向中心村或强企业驻地逐渐集中，原有的村落走向萎缩；扶贫式兼并主要是指有组织地将一些位于偏远山区、存在灾害威胁、脱贫致富无望、生产生活条件恶劣的村，合并到城市郊区或本乡镇的村，实现整村或部分人口迁户转移。村庄迁并突破了地域限制和组织管理瓶颈，实现了生产力与生产关系的匹配，促进了更大范围内资源和人口的合理配置，客观上推动了乡村经济的快速发展。20 世纪 90 年代后期，随着“小城镇战略”向“大城市战略”的转移，城市进入快速发展时期，乡村发展则相对缓慢。

进入 21 世纪，山东省发力于城乡统筹，农村全面发展、农村社会事业建设是这个阶段农村突出特征。2004 年开始，山东省全面放开粮食收购和销售市场，2006 年全省取消了农业税和除烟叶以外的农业特产税，有效缓解了农村内部长期积累的多种矛盾。在社会主义新农村建设方面，对农村基础设施着力进行建设，并对现代农业大力发展，对农村民生问题也更加重视，同时全面发展农村社会事业、健全农村公共服务建设等。

伴随着我国的快速工业化与城镇化，经济发展带动了城镇建设用地的大面积扩张，大量农地转为非农建设用地。为守护耕地，国家出台了18亿亩耕地保护“红线”的政策；在发展与保护的供需矛盾中，2008年自然资源部发布了《城乡建设用地增减挂钩试点管理办法》。在此背景下，山东省开始实施合村并居试点工作，并以新型农村社区建设来推动乡村建设与发展。2009年开始，从潍坊、德州等市拉开序幕，一年内全省共有98%的县、82.5%的镇、59%的村陆续开展了新型农村社区建设；其中，基本实现全覆盖的县、市、区近40个，全省建成农村社区服务中心12912个。1996~2013年，全省城市建成区之外的建制乡数量从1022个锐减到89个，行政村数量由原本的8.3万个减少至6.5万个，自然村数量则由原来的9.8万个缩减至8.6万个，村庄的“空心化”态势逐步显现出来。2013年国家的户籍改革制度，鼓励农村居民转入城镇户口，并对其原有的土地承包经营权、宅基地使用权、林地经营权、集体收益分配权等维持不变，继续推动了山东省的城镇化发展。人口的自由流动进一步促进了劳动力从乡村到城市的转移，乡村建设内驱力严重不足。

## 第三节　转型中的乡村

### 一、生态价值实现的前沿

乡村拥有丰富的自然资源，曾经的“小桥流水人家”是中国几千年来理想的栖居地。但是，在高速的现代化进程中，我们却常以生态环境为代价换取短期的经济效益；特别是在广大的乡村地区，河流污染、土地荒漠化、水土流失、森林锐减等问题愈发严重。“望得见山、看得见水、记得住乡愁”，山水自然资源不仅是乡村最具价值的人居环境，更是中国传统文化的民族记忆。

2021年4月，中共中央印发《关于建立健全生态产品价值实现机制的意见》，提出践行“绿水青山就是金山银山”的理论，从源头上推动生态环境的保护与提升，也将乡村推到了生态价值实现的最前沿。在生态文明背景下，乡村肩负着生态价值守护的重要职责。保护乡村生态系统，以持续提供生态物质产品、生态服务功能和生态文化滋养等，保护乡村的生态资源禀赋，促进其保值、增值、价值的实现，为乡村发展与建设筑牢生态产品价值这一得天独厚的财富优势。首先，改变现有的发展观，树立生态价值观，以保护生态为高价值行为选择；其次，以乡村为生态保护发力点，统筹自然资源的整治、修复和产品供给，重点优化乡村人居环境，减少污染、降低干扰，实现科学耕种；再次，构建多元化的生态补偿机制和损害赔偿制度，落实乡村发展中生态维持的补偿、产业发展中环境破坏的赔偿；最后，发展绿色乡村产业，通过绿色劳动促进自然资本的增值和生态资源最优化。

以生态文明建设推动乡村振兴，是坚持走可持续发展道路、实现乡村发展现代化转型的重要契机；是实现"采菊东南下，悠然见南山"田园牧歌般中国式乡村生活的现代诠释；是探索"天人合一"传统民族智慧现代性的体现。

## 二、粮食安全保障的腹地

在我国社会主义现代化建设过程中，从"解决温饱""脱贫攻坚"到"粮食安全"和"共同富裕"，粮食问题始终是我们国家的头等大事。党的二十大报告指出，全方位夯实粮食安全根基。粮食安全以耕地的稳定、农业现代化和农民的共同富裕为基础。我国粮食总产量多年稳定在 1.3 万亿斤以上，耕地面积牢牢守住 18 亿亩耕地红线，9899 万农村贫困人口全部脱贫走向全面小康，我们农业、农村和农民所在的乡村是"中国饭碗"，是粮食安全保障的"腹地"。

国家的每一次进步、每一点的成就、每一秒的稳定都要以乡村为"腹地"。民以食为天，手中有粮、心中不慌；国以粮为基，国家有粮、天下为安。国际环境的复杂性，更凸显乡村的稳定剂作用。多种粮、种好粮，以新技术、新品种、新农机实现农业的高效、高产、高质量发展，是中国乡村发展必由之路。

作为我国粮食安全保障"腹地"的乡村，如何在现代化路上实现高质量发展，首先需要解决的是农业农村现代化的问题。党的十九大报告关于乡村振兴中提到"要坚持农业农村优先发展"，要"加快实现农业农村现代化"。党的二十大将农业农村优先发展推到我国各项工作的首要位置，突出农业农村优先发展是我国第二个百年奋斗目标实现的基础，农业农村现代化是我国现代化的前提。

陈锡文[①]认为，实现农业农村的现代化至少要从三个方面进行努力。首先是构建现代农业的产业体系、生产体系和经营体系，从产业资源谋划产业结构和产业布局，

① 陈锡文. 实施乡村振兴战略，推进农业农村现代化 [J]. 中国农业大学学报（社会科学版），2018，35（01）：5–12.

以此形成丰富的产业链和实现产业价值；生产体系是以农业科技进步为阶梯，从育种、培育、养殖、生产到加工全过程的现代化技术转型；经营体系是农业资源、资金、技术、劳动力等要素的优化组合，实现高效协同。其次是健全农业的支持保护体系，中国“入世”后才逐渐取消农业税、实施财政补贴和农业支持政策，农业支持保护体系才刚刚建立，相对工业的高附加值，现阶段农业的健康发展必须以完善的保护体系来推动，而保护体系是政策、金融、技术、收储等全方位的建设；是发展多种形式、适度规模经营，培育新型农业经营主体，健全农业社会化服务体系，我国的小农经济是社会高度稳定的基础，农业现代化必然以规模经济为基础，两者的矛盾要在小农户和现代农业的发展中找到有机衔接。在提升粮食生产专业化、标准化、集约化经营水平的同时，实现种好粮向“种得好、产得好、卖得好”转型，从卖“原字号”向卖产品、卖品牌转型，实现小农生产、小农户到适应性的用地规模、经营规模，以完善的社会服务体系逐步推动利益联结机制，开展高素质农民培训，为确保粮食和重要农副产品有效供给提供人才支撑，实现农民更多地分享粮食全产业链增值收益。

### 三、城乡融合发展的稳定器

城乡关系很长时间超越地理关系，成为经济社会关系的代名词，体现了制度设计的变迁。乡村振兴是对城乡关系的重塑与回归，乡村必将成为城乡融合发展的稳定器。

回顾我国的工业化、城市化的过程，是以城乡二元结构、汲取农业剩余快速推进工业化来实现的。在“城乡分割”随着改革开放逐步瓦解，走向“城乡统筹”的过程中，虽然以城市为重心的格局没有得到根本改变，但是人口要素的流动跨越资本流动的壁垒，使得农民具有摆脱城乡差距的可能，推动制度改革寻求城乡新稳态。城乡统筹将城乡并重，并以 2003 年以来每年的中央一号文件制度性引导城乡平衡，以工补农、以城补村、以城带乡来促进乡村发展，弥补城乡差距。党的十八大，以健全城乡要素合理配置和流动推动城乡一体化和城乡融合。党的十九大的《乡村振兴战略规划》和《关于建立健全城乡融合发展体制机制和政策体系》，破除制度机制障碍，完善城乡要素自由流动，加快以城补乡、城乡互补的双向融合，标志着城乡关系走向新的历史时期和发展阶段。

2008 年全球金融危机后，中国农民工返乡务农、城市“蚁族”从大城市奔波转向服务故乡等案例都说明，中国在抵御社会风险上具备世界上很多微小经济体所不具有的巨大优势，即可以通过城乡空间上的横向地理流动，有效地对社会政治稳定进行维护。

在新的历史时期，乡村是中国城乡关系发展中的“稳定器”和“蓄水池”①，更是中国特色社会主义制度优越性的受益者。从农业大国到工业大国，再到现代化强国的发展过程中，乡村的人力资本为现代化发展持续提供建设者，农民红利在被城市现代化所享有的同时，乡村为农民提供了基本保障和可进可退的“港湾”，以“城乡之间的代际合作模式”形成中国特色的稳定器；而集体土地制度成为城乡韧性的关键点，也是土地规模化经营的障碍点。集体经营性用地的入市在逐步“试水”，在充分发挥乡村“蓄水池”功效的同时，推动农业的多种经营和产业化，满足社会资本对乡村的拉动作用和基础设施配套的可行性，从而能够实现城乡社会福利的共享、社会地位的平等和乡村价值认知的重构。

## 四、中华文明传承的精神家园

费孝通先生在《乡土中国》中不仅回应了乡土社会的主要特征，也介绍了中国“乡土性”“乡村性”的独特魅力。几千年的农业大国以乡村为载体传承着中华文明的多样性与包容性，孕育着天地人和的世界观、道法礼俗的价值观和家国天下的人生观，成为中华文明之载体和文化之根系。

近年来，在全球化、信息化背景下，我国社会变迁速度和程度不断扩大，乡村社会正经历着前所未有的“动荡”。这种“动荡”体现在时空、社会、个体等各个层面。跨区域人口流动的“浪潮”周而复始，推动着社会文化的多元互动与乡村的变迁；在高速快节奏的现代生活中，我们依然以“回家过年”这种类似于“祈祷”的方式在寻根中确定自身的社会坐标和个人价值。乡土情结的文化寻根与安身立命的经济行为发生冲突时，就有了“乡愁”。因此，乡村在一年大多数时期都是清冷的，房屋、土地闲置率高，老人和孩子成为村民事实上的主体。

同时，在城镇化大背景下，乡村的意义超越了实用功能主义的生态、经济等功能，其社会的稳定器、华夏文明载体的功能备受推崇。我国的乡村在千年的繁衍生息中积累了集体记忆，成为每个华夏儿女的精神印记。当市民们怀着对乡村无限的憧憬、文化寻根的心理来到这里，在山水田野间，从地头到餐桌，从房前屋后到街头巷尾，“九万里悟道，终归诗酒田园”的生活方式是每个华夏子孙最终的心灵归宿。

“家乡”与“梦乡”一直指引着我们的乡村家园意识，每个中国人都在回乡的路上找寻心灵的秩序。在脱贫攻坚的道路上，乡村的文化破坏、环境恶化、信仰丧失、

① 贺雪峰. 大国之基：中国乡村振兴诸问题 [M]. 北京：东方出版社，2019.

规则失序，在单一的经济目标下，每个奋斗的前行者都在拼命逃离乡村的拘囿，功利主义涌动在急于摆脱乡村烙印的每个人身上，传承千年的乡土文化自信也逐渐尘封在现代社会中。由于社会的快速变迁，原本根植于土地的乡土社会被迫快速切换到快速变化的城市社会，这让我们始终存在着一种徘徊于现代与传统之间的“焦虑”，患上了所谓“乡愁”。在传统文化的影响之下，中国人通常会把原本对于逝去家园与回忆的“怀旧情怀”寄托于乡村，繁荣复兴的、可以寄托乡愁和历史定位的乡村因而也就具备了重要的人文意义。乡村文化振兴是唤醒每一个国人的文化自信与自我认同，以地缘为基础的乡村社会秩序铸就的文化认同，在自我认同的过程中实现精神上的寄托。

### 五、全面推进现代化的压舱石

农业和农村的发展取得的新的历史性成就，为党和国家战胜各种艰难险阻、稳定经济社会发展大局，以中国式现代化全面推进中华民族伟大复兴，发挥了“压舱石”的作用，显示了乡村振兴战略在国家现代化战略中不可替代的作用。同时，全面建设社会主义现代化国家，实现中华民族伟大复兴，最艰巨最繁重的任务也在农村，最广泛最深厚的基础依然在农村。党中央认为，新发展阶段“三农”工作依然十分重要，须臾不可放松。2021 年 1 月 4 日，中共中央、国务院发布《关于全面推进乡村振兴加快农业农村现代化的意见》，指出要把全面推进乡村振兴作为实现中华民族伟大复兴的一项重大任务，要举全党、全社会之力推进农业农村现代化，让广大农民过上更加美好的生活。在“新四化”同步发展过程中，农业现代化是突出“短板”，迫切需要立足中国实际，探索中国式现代化发展规律，在中国式现代化大棋局中加快推进农业农村现代化。21 世纪以来，在党和国家的积极推动下，先后开展了社会主义新农村建设，农村现代化建设得以加快，从完善基础设施到健全医疗保障体系、公共服务体系等，村民的生活品质不断得以改善，农村的经济发展和居民生活水平不断提升。在村民人均可支配收入中，第一产业经营收入的占比在持续降低，第二、三产业的占比稳定提高，这在一定程度上说明了农民收入结构的优化。

乡村振兴战略全力着手乡村现代化建设。首先，从法律到制度的完善，为乡村振兴发展铺平了康庄大道。《乡村振兴促进法》的全面实施，建立起了中央统筹、省负总责、市县乡抓落实、五级书记抓乡村振兴的领导体制和工作机制，将乡村振兴作为全党的工作重点；推进了农村承包地三权“分置”、集体产权制度、宅基地制度等重大改革；城乡居民基本养老保险基本实现了对农村适龄居民的全覆盖，建立了统一的城乡居民基本医疗保险制度；制定和规范了农村一、二、三产业融合发展的用地政策，规范了设施用地管理，盘活了农村存量建设用地；同时，推进东西部协作、中央单位定点帮扶、“万企兴万村”、驻村第一书记和工作队等帮扶工作。其次，产业发展由资源依赖型向创新驱动型转变。农田有效灌溉面积、农业科技进步贡献率和农作物耕种收综合机械化率都得到全面提升；同时积极发展休闲旅游、电商直播等新业态，乡村的产业结构持续多元化。2021 年农村居民人均可支配收入为 18931 元，较 2012 年翻了一番多。最后，注重乡村建设，建设“美丽乡村”推进了现代化基础设施建设。截至 2021 年底，全国农村卫生厕所普及率超过 70%，生活污水治理率达 28% 左右。但是，现阶段农村的基础设施仍然较为薄弱，这在一定程度上阻碍了农村经济、社会的可持续发展。

《“十四五”推进农业农村现代化规划》拉开了全面推进乡村振兴的发展格局，加快中国特色农业农村现代化进程是新时期的重中之重；同时，也提出了乡村振兴、推进农业农村现代化的三大工作特征，即必须立足国情农情特点、必须立足农业产业特性、必须立足乡村地域特征。在我国乡村发展进入全面振兴的历史时期，本书以青岛的乡村为考察对象，深度挖掘乡村发展与建设的地方特征，既是记录这一伟大的历史时刻，又是寻求乡村振兴的地方适应性路径。

# 第二章 | 青岛的乡村发展历程

百年滨海城市青岛，有“台阶上看海”的浪漫意境，有“红瓦绿树碧海蓝天”的绚烂色彩，异域的城市风情中藏不住传统文化的魅力。从琅琊古港到田横祭海，从金口商船林立到卫所威仪严整，青岛的乡村承载着其独特的海洋与农业文明；北有“莱西经验”，南有“德育银行”，现代乡村治理的青岛模式已然明晰。

青岛市域内自新石器时期便生活着东夷族人，其域内村落在历经夏、商、周的平稳发展，春秋战国至秦、汉、隋、唐、元的演变，于明清期间乡村才得以大规模地发展和建设。

公元前 567 年，齐侯灭莱，始建即墨邑（现为平度古岘）。即墨邑曾建有两座古城，即即墨古城（今古岘镇朱毛村）与乐毅古城（今古岘镇政府所在地），其中即墨古城自东周建城便作为胶东半岛地区的经济文化中心直至西汉时期。现如今，古岘镇辖区内有 40 余个村庄，半数以上村庄的起源和发展均与古城历史一脉相承，如古岘一里村、古岘二里村，至今其村庄空间格局、古居庙宇、老街小巷等依然焕发着农耕文化的生机[①]。春秋战国时期，越王勾践灭吴，接管吴国所占齐地，公元前 468 年迁都琅琊，并在公元前 472 年初筑琅琊台。琅琊台自建成后成为许多帝王的游乐之地，随着秦始皇统一六国后加筑琅琊高台，刊石立碑以记录功德，逐步发展为琅琊文化的重要象征。与此同时，对内而言，琅琊港作为秦国社会经济商贸中心日渐繁荣，为琅琊郡的发展起到了重要支撑作用，秦汉时期的琅琊聚居人口已达到17万；对外而言，琅琊港加强了地区与高丽的商贸联系，在早期对外交流中起到了重要作用。

图 2.1 即墨故城遗址（a、b）、琅琊台遗迹（c、d）

① 贺中，殷淑杰，于风亮 . 昔日胶东王都，今日文旅小镇——探访平度市古岘镇 [J]. 青岛画报，2018，10（10）：54-57.

# 第一节 明清序曲

明清时期，青岛行政属山东承宣布政使司莱州府之登州，域内沿海处多设海防御所及女姑口、金家口等通商口岸，海运商贸活动兴起，青岛港显现商埠雏形，极大地带动了港口周边的乡村社会经济的发展。

明初，青岛传统乡村聚落的形成和发展与海商文化的兴起有着密不可分的关系。起初，因经历宋元时期的战乱，青岛域内地广人稀，因而在明朝永乐年间大批来自云南、四川等地的移民在政策的驱使下至青岛安营扎寨。此时，因金口尚无商贸活动，地势平坦、水源充足的自然环境对村落的选址有着决定性的影响，村落大都在围绕着河流水系周边的平坦地面上建造，而非海岸（见图 2.2）。

图 2.2 明初丁字湾传统村落群空间分布格局示意图

随着天启年间金口港正式开埠，丁字湾北岸港口开始衰落，以金口港为主的海上贸易的发展促使传统村落空间格局发生变化。金口港作为山东清代第一大海港，对当时海商的发展起到了促进作用，“商贾云集、商船林立”形容的就是当时港口的繁荣景象。此时，围绕港口新建有 14 个以港口商贸等相关产业为职能的村庄，其数量占总村庄数量的 42%，此时海商文化已对村落选址、村庄建设以及乡村社会经济发展起到了重要的作用。直到清朝乾隆至民国初年间，丁字湾传统村落空间分布及数量基本稳定，村落规模不断增长，海商文化深深影响在村庄内部建设的各个系统中，建设数条商道为金口港与内陆之间的物资沟通提供条件，在村庄风貌上，村庄的建筑呈现出南北方特色相融的风貌。港口繁荣及其对村庄的影响直至近代青岛、烟台港口的崛起才逐渐衰减，在 1945 年前后被彻底废弃重新成为村落。如今在金口镇中，我们依然可以从信仰建筑中探寻妈祖文化的演变发展、从凤凰—金口和店集南里—西枣行两个传统村庄群落的古建筑中回味当年海商贸易兴盛时的盛况[①]（见图 2.3）。

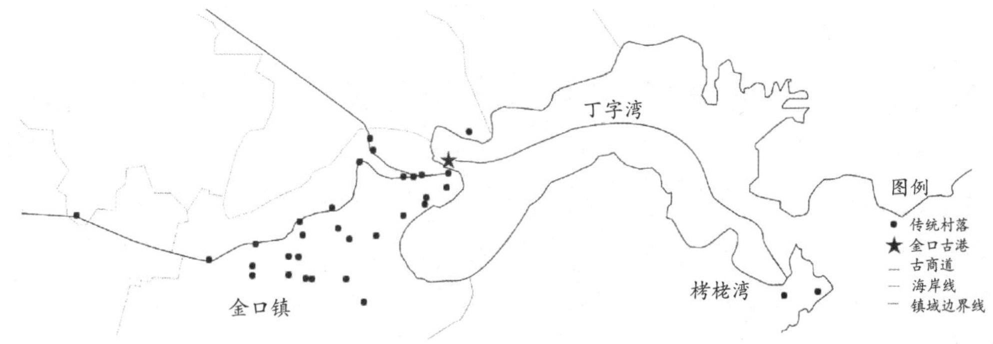


图 2.3 明末商道与传统村落群空间分布格局示意图

青岛村落的发展在清期主要受到清政府禁海政策的影响，清海禁政策虽不严格，但也多次下令内迁沿海居民，这对青岛港口及周边乡村的发展产生了一定影响。然而，从整体村落分布形式上而言，清朝时期的青岛村落分布形式从明朝较为完整地保留下来（见图 2.4），直至今日，以即墨雄崖所为代表的卫所仍保存完整，并作为青岛历史不可或缺的一部分在现代城市发展长河中熠熠生辉。

图 2.4 今雄崖所遗址

① 贺中，隋以进，于风亮．青岛古镇系列报道之三金口镇，因港而兴 [J]. 青岛画报，2018，10（5）：62-65.

# 第二节 近代起步

随着德意志殖民者对青岛的入侵及清政府对国家管控实权的逐步丧失，青岛的城市和乡村建设呈现出强烈的殖民特色。德占时期的青岛乡村发展是以维护、支撑都市经济发展成果为目的的乡村基础设施建设与农林改良活动，是附庸于都市发展的乡村建设活动，乡村的建设治理处于德政府下的殖民政权——胶澳总督府下的青岛管理，总督府以在不触动德国殖民者利益的前提下，顺应原有村庄治理体系，即以原有的“制度乡建”模式为原则对乡村进行建设管理。在此期间，青岛乡村维持稳定，村庄数量无增长与减少，乡村的社会发展相对平稳，乡村人口伴随着都市的人口快速发展也一并快速增长，乡村人口相比德占前增长 60% 以上。其经济发展以乡村土地登记征收税款为主，用作城市的投资建设，同时为支撑城市的各项发展，在乡村大量开展植树造林、健全乡村基础设施等工作，为青岛乡村的发展奠定了必备基础[①]。

图 2.5《青岛全景图》（约 1907 年）

① 柳敏．德占青岛时期的乡村政策及其影响 [J]. 中国农史，2009，28（03）：115-121.

由于德国殖民者对青岛乡村资源的剥夺，使青岛的乡村成为城市建设的廉价原料产地与商品倾销地。到民国时期，混乱的农村经济、社会体系亟待修复[①]。社会经济环境的变更推动着中国乡村建设思想的进步，其中政治干预下的全体系行政管理是青岛市在这一时期的乡村建设模式，其乡村规划建设思想具有强烈的精英主义色彩，时任青岛市市长沈鸿烈为这一时期的乡村建设起到了不可忽视的作用，他认为乡政体系的建设是这一时期的建设重点。但同时在这种模式建设下，广大群众的智慧与力量不被认可，群众的建设需求难以得到倾听与满足[②]。

青岛乡村建设运动在其建设模式下呈现出明显的"都市化"特征，政府围绕着社会经济发展提出了诸多具体措施，以促进城乡同步协调发展[③]。青岛乡村建设的动力主要来源于政府的行政力量，政府通过把全市乡村划分为若干乡区，建立乡村建设办事处（见图 2.6），将都市行政体系延伸至乡村，从而推动乡村的政体建设发展。乡村建设办事处的主要职责是制定村约、移风易俗、政府投资、发展农业、推

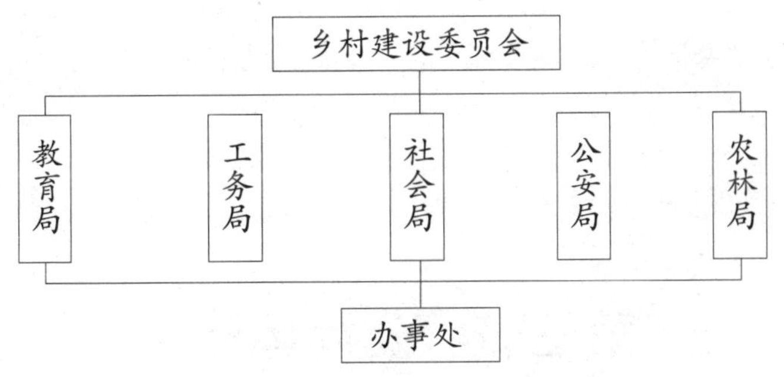


图 2.6　乡村建设办事处组织结构

进教育建设等有关自卫、自给与自治的措施。以乡村道路建设为例，1931 年前青岛乡村的道路 4 米宽度以上的仅有 18 条，共计 182 千米，至 1935 年全境乡村干路已达 288.7 千米。在农林建设方面，由于青岛乡村耕地面积不足，因此，改进农作物品质及推广其他农副产品的生产是农林建设的重点（见表 2.1）。

① 段德罡，谢留莎，陈炼．我国乡村建设的演进与发展 [J]. 西部人居环境学刊，2021，36（01）：1-9.

② 王义．20 世纪 30 年代青岛乡村建设述略 [J]. 青岛职业技术学院学报，2013，26（02）：24-26.

③ 郑国．"都市化"：民国乡村建设运动中的青岛模式 [J]. 东方论坛，2009（04）：114-120.

表 2.1 青岛市农林事务所农业推广工作统计表（1933～1936 年）（单位：亩）

| 类型 | 1933 | | 1934 | | 1935 | | 1936 | |
|---|---|---|---|---|---|---|---|---|
| | 区数 | 面积 | 区数 | 面积 | 区数 | 面积 | 区数 | 面积 |
| 实验区 | 17 | 1843 | 47 | 5345 | 30 | 52.7 | 57 | 50.1 |
| 特约农田 | 13 | 20.2 | 52 | 77.4 | 129 | 44.7 | 149 | 206.4 |
| 中心区 | – | – | 2 | 47 | 21 | 44.7 | 38 | 275.1 |

客观而言，青岛市作为一个被乡村围绕的都市，都市与乡村的协调发展本身就是青岛城市建设的内在要求[①]。自其开埠以来，市区与乡区之间就有着严格的空间划分与规划管理格局，乡区面积约为全市的 70%，人口占全市总人口的 50% 以上。如此明确的城乡分布格局为青岛的乡村经济发展提供了便利条件，农产品便于销至城市，农村剩余劳动力也便于转移至市区工厂。1932 年青岛乡村建设运动前，乡村就已初步形成了多样发展格局与空间功能分区，为政府推行建设提供了有力支撑[②]。

## 第三节　公社运动

从 1958 年人民公社成立到改革开放后将其取消，有关乡村发展的建设活动可称为“人民公社”式的乡村建设。其中，乡村土地改革是乡村建设的重要任务，以粮食增产为主要目标，乡村的经济社会发展因此实现了从“耕者有其田”到人民公社体制的社会主义改造，为我国工业发展提供了原始积累。大规模的土地改革运动使青岛农业生产总值年均增长近 14%，实现了恢复农业生产的目标，呈现出农业生产“大跃进”的发展状态。青岛市于 1958 年实现人民公社化；1962 年，《农村人民公社工作条例》的颁布为青岛建立了“三级所有、队为基础”的集体经济体制；1958~1966

① 魏本权．青岛模式与邹平模式——二十世纪二三十年代中国乡村建设的路径与模式刍论 [J]. 东方论坛，2008（01）：97-100.

② 柳敏．近代青岛乡村建设的缘起与路径选择 [J]. 农业考古，2010（06）：251-253.

年，受国家经济政策环境变化的影响，青岛城市化进程有所下降，乡村空间的发展顺应了青岛城镇化的变化，总体上呈现出平稳发展的特征；直至 1978 年，青岛农业总产值为 12.15 亿元，是 1949 年的 7.4 倍，年均增长 7.1%。

以平度市南关村为例，之前村内居民房屋拥挤，大都为土墙草房，质量较差。中华人民共和国成立后，村内开展修旧建新工作以改善原有居住环境，居民生活品质方面有了明显的提升。土地改革政策在南关村得以实施，在产业发展上，农业机械化程度得到了有效提高，农作物产量自 1956 年的平均亩产 179 千克提高到 1978 年的亩产 662 千克，实现了稳步提升；在管理组织上，南关村由独立的生产大队发展到 1964 年下设了三个生产队，1965 年起进一步分化为六个生产队，对村庄收益等各项工作进行统一分配与管理（见表 2.2）。

表 2.2 南关生产大队各生产队基本情况（1980 年）

| | 户数（户） | 人口（人） | 党员（人） | 耕地（亩） | 劳动力 | | | | 拖拉机（台） | 柴油机（台） | 脱粒机（台） | 电动机（台） |
|---|---|---|---|---|---|---|---|---|---|---|---|---|
| | | | | | 男正 | 女正 | 男半 | 女半 | | | | |
| 合计 | 271 | 1005 | 24 | 496 | 99 | 82 | 19 | 49 | 8 | 16 | 6 | 10 |
| 1 队 | 38 | 163 | 8 | 89 | 21 | 14 | 1 | 8 | 1 | 3 | 1 | 3 |
| 2 队 | 50 | 184 | 5 | 91 | 15 | 13 | 3 | 10 | 1 | 2 | 1 | 1 |
| 3 队 | 43 | 153 | 2 | 71 | 17 | 13 | | 10 | 1 | 2 | 1 | 2 |
| 4 队 | 45 | 146 | 4 | 73 | 12 | 11 | 5 | 3 | 1 | 2 | 1 | 1 |
| 5 队 | 43 | 167 | 2 | 83 | 14 | 13 | 7 | 8 | 2 | 3 | 1 | 1 |
| 6 队 | 52 | 192 | 3 | 89 | 20 | 18 | 3 | 10 | 2 | 4 | 1 | 2 |

# 第四节 缓慢发展

城乡二元结构所带来的城乡有别的治理体制、城乡分割的市场体系与城乡分离的工业化模式使得我国乡村发展持续缓慢且城乡差距日益扩大。在缓慢发展时期，可将乡村建设大致分为起步阶段与发展阶段。

## 一、重城轻乡背景下的乡村建设起步阶段（1982～1992 年）

早在 1953 年，我国城乡二元关系便开始形成，1955 年城乡二元户籍制度的确立使得农业人口与非农业人口在法律意义上开始有所区分。随着改革开放的开启，社会主义市场经济体制建立；1982 年，家庭联产承包责任制的落实，这些都使得城乡建设活动大规模开展，城乡快速发展所伴随而来的结果就是城乡发展不平衡。

于农村而言，家庭联产承包责任制的实行极大地提升了农村生产力，农业生产效率提高，农村经济得到了快速发展，农民的温饱问题得以解决。到 1992 年，青岛市农村居民人均纯收入 1029 元，比 1984 年增长 1.3 倍，年均增长 10.8%。

但与此同时，农业生产效率的快速提高也为乡村发展带来了一定影响，乡村大量剩余劳动力走出农村，在非农产业领域寻找出路，推动了乡镇企业为代表的农村二、三产业的迅速崛起，在提高农民生活水平的同时出现了乡村空心化、环境风貌受到破坏等问题。而且，乡村发展在城乡二元制的影响下缺乏有效的城乡合作机制，国家及各省市的政策与资源偏向于城市的发展建设，乡村公共产品严重缺乏，各项建设出现停止甚至倒退。

以城阳区洼里村为例，中华人民共和国成立前村内住宅多为石基土墙草披屋为主，少数为石基砖墙瓦屋，1980 年大队统一规定新建房屋规格，并采用砖石结构，在一定程度上提升了建筑安全度与人居质量；家庭联产承包责任制后，村委多次筹资，将村内街道公路进行加宽取直，并伴随着工业的发展新建公路；至 1997 年，村委集资 348 万元建设了两座居民楼；洼里村早期的街巷格局呈锯齿状，依房屋走向自然延伸，参差不齐，2002 年旧村改造后，村西部街巷已不存在；2003 年完成 18 栋多层居民楼的建设，空间风貌上呈现出西部现代住宅群、东部低矮平房的特征（见图 2.7）。

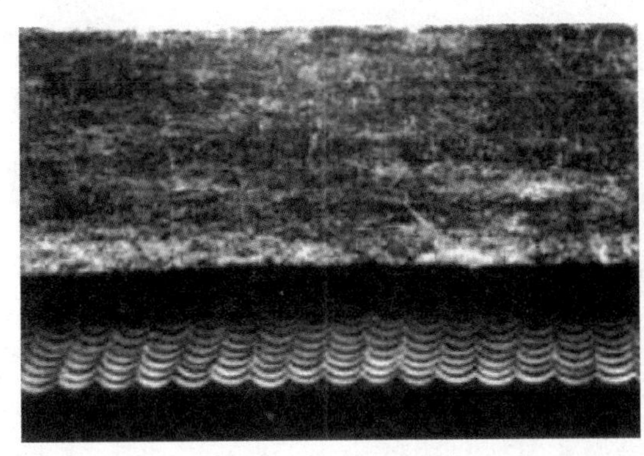

图 2.7　洼里村草披屋及社区新居

改革开放后，村内兴起各项基础设施建设，村委向村民、企业及个体工商户筹措建设资金，由村委下设各个负责小组进行管理，1978 年实现村庄农业生产和生活照明供电；1983 年实施排污系统整体性现代化修建；1993 年实现自来水入村；1996 年手机开始在村内被推广；1997 年随着外商投资企业数量增加，在增大变压器功率的同时增加一台变压器以满足生产需求；村庄电信方面的发展随着时代潮流的演进也在不断地推进，2002 年全村实现了互联网的建设，村庄发展逐步走向现代化。

## 二、基于城乡融合的乡村建设规划发展阶段（1993~2013 年）

1993 年 11 月，国务院出台《村庄和集镇规划建设管理条例》以加强对村庄、集镇的居民住宅、乡（镇）村企业、乡（镇）村公共设施和公益事业等的规划建设与管理；2000 年，建设部制定《村镇规划编制办法》以规范村镇的各项建设开发流程与内容；2003 年，“三农”问题时隔 18 年再次成为中央一号文件的关注重点，乡村发展在国家政策层面得到重视；2007 年，《中华人民共和国城乡规划法》的颁布从法律层面确立了城乡统筹、以人为本的立法思想，城乡建设正式进入城乡融合的完善发展阶段。由此可见，城乡统筹、农村社会事业建设和农村全面发展是这个阶段乡村建设的突出特征。

1993 年起，青岛市农产品市场调节机制全面确立，农业产业经营快速发展，在市场机制的主导下农业综合生产能力有了全面稳定的提高。随着农业经济迈入新的发展轨道，青岛市乡村改革逐渐将重点放在了解决农村发展的深层次矛盾与问题上，即把解决农村发展问题的方式定为“以工补农、以城带乡”，凭城市之力推进乡村基础设施建设和现代农业发展。随着城市反哺乡村建设的展开，青岛加快了城乡一体化融合发展；在乡村社会保障方面，青岛市推行区、街、村三级投资下的农村养老保险制度，建立乡村基本生活制度保障；除此之外，青岛市在城中村推进以和谐社区建设为代表的乡村整治规划，以提升乡村空间品质。这一时期，随着乡村建设的法律法规、制度政策、社会保障、规划实施等方面工作的大力推进，青岛城乡收入差距明显减小，城市工业集群的乡村渗透使得乡村空间出现了以城乡互动为目的的产业空间集聚，城市和乡村呈现出互动共荣的特点。

青岛市徐家麦岛原为浮山所一墩堡，原名徐家庄，后称徐家麦岛。中华人民共和国成立初期，村居总面积为 25 亩，空间格局规整并以祠堂为中心向四周延展，村民多下海捕鱼，上山采石，以渔耕田种为生。20 世纪 70 年代中后期，徐家麦岛大队将村居面积扩充至 225 亩；1979 年后，随着青岛市城市东扩，村庄开始城镇化的过程；20 世纪 80 年代，村庄集体企业已发展为 6 家，村内铺设水泥路面；进入 20 世纪 90 年代，村庄集体大力发展贝类养殖中心，村内建立若干排水沟，安装有线电视；村庄集体用地也在扩展，至 2005 年，村庄集体用地已发展至 270 亩，完成基础设施的现代化改造，村内废水直接通过下水道排出；同时，村集体大力办企业，成立多个公司；2003 年底，徐家麦岛由村委会改为社区居委会；2004 年，徐家麦岛实现经济总收入 34006 万元，农民人均纯收入 7866.3 元；2005 年 7 月，徐家麦岛旧村（见图 2.10）改造的拆迁安置工程启动，徐家麦岛从物质空间上彻底融入高楼林立的大城市中。

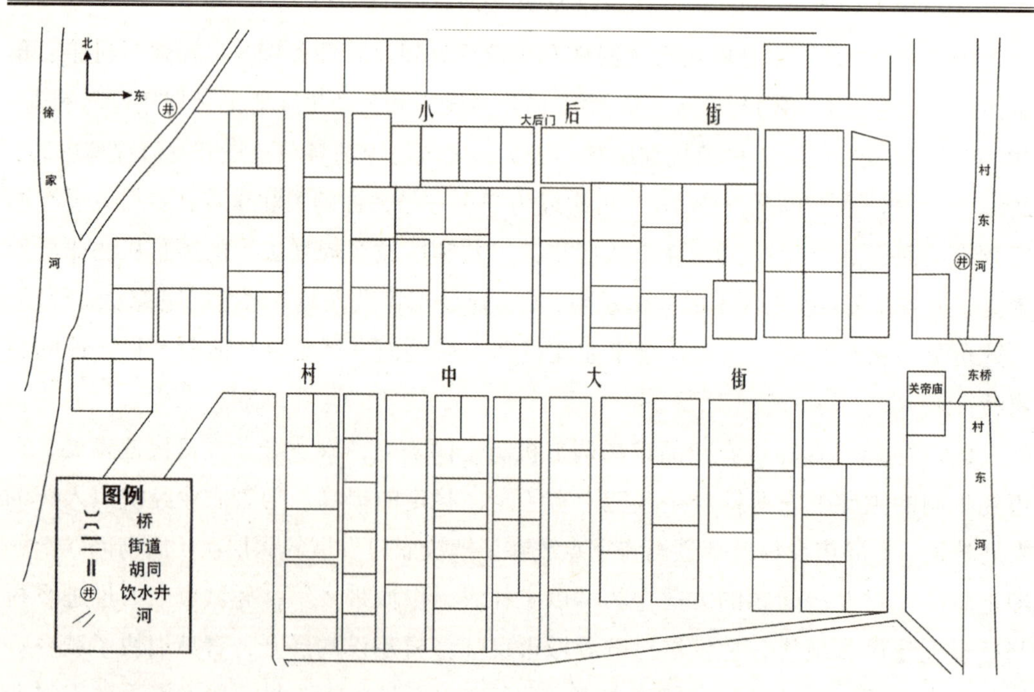


图 2.8 徐家麦岛 1949 年村居示意图

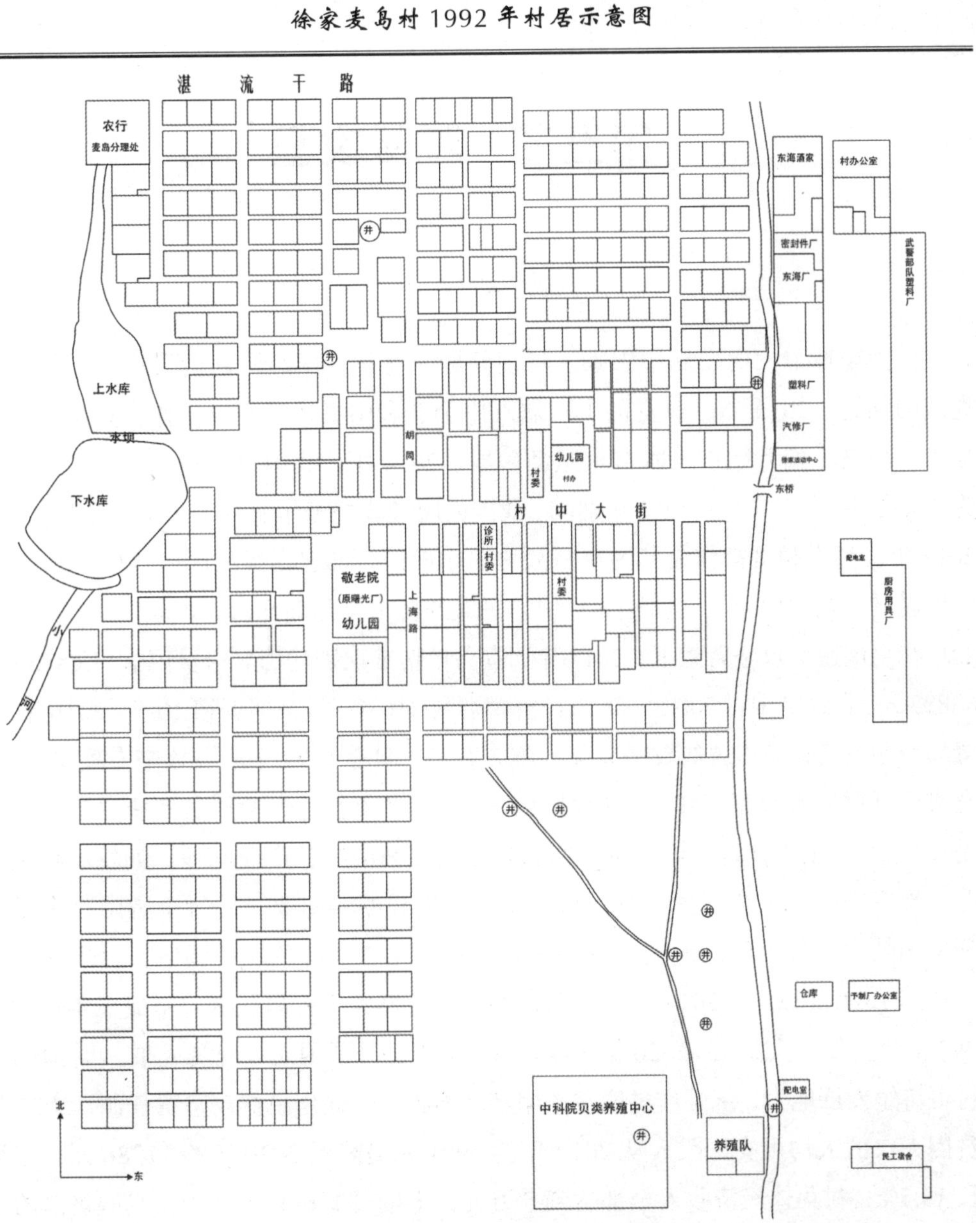

## 徐家麦岛村 1992 年村居示意图



图 2.9　徐家麦岛村 1992 年村居示意图

图 2.10　徐家麦岛村旧貌

# 第五节 脱贫攻坚

作为全球最大的发展中国家，贫困问题一直是我国经济社会发展中必须面对并克服的问题。2013 年，以党的十八届五中全会和中央扶贫开发工作会议决策部署为标志，扶贫工作开始进入脱贫攻坚新阶段。2014 年，我国将每年的 10 月 17 日设立为“扶贫日”。在 2013~2016 年期间，我国的脱贫攻坚工作取得了令世人举目的成就；2017 年，精准脱贫被作为三大攻坚战之一全面进行部署，决战脱贫攻坚；2021 年，我国脱贫攻坚战取得了全面胜利！中华民族的历史自此翻开崭新篇章。

在全国脱贫攻坚背景下，2014 年，青岛市精准识别建档立卡贫困人口 28535 户、63887 人、省级贫困村 200 个、市级经济薄弱村 310 个、经济薄弱镇 10 个。2016 年 1 月，青岛市印发《青岛市脱贫攻坚专项实施方案》，制定了 27 个脱贫攻坚专项实施方案，全方位开展脱贫攻坚工作。2017 年印发了《青岛市特色产业扶贫实施方案》，目标是在 2020 年全市扶持建设一批贫困人口参与度高的特色产业基地，如发展特色种植业、推广“公司 + 合作社 + 贫困村（户）”模式的养殖业，使每个贫困户掌握 1~2 项实用技术，每个经济薄弱（贫困）村发展 1 至 2 个特色农业园区，村集体经济收入达到 15 万元以上。2018 年《青岛市委、市政府关于打赢脱贫攻坚战三年行动的意见》出台，确定了 2018~2020 年三年目标，巩固提升贫困人口脱贫成果，巩固提升镇、村可持续发展能力，统筹推进脱贫攻坚与乡村振兴，强化脱贫攻坚责任制。2021 年，贫困人口的人均可支配收入从 2014 年的 3901 元提高到 2020 年的 11386 元，年均增长 19.5%；村集体经济收入全部达到 5 万元以上的贫弱村有 510 个，是脱贫前的 10.5 倍；除此之外，这些贫困村的基础设施得到大幅提升改造，有线电视、客运班车、网络宽带全覆盖，公共服务水平明显提高；青岛市还在贫困村、薄弱村率先开展“美丽乡村”建设，市级“美丽乡村”达标率 100%，“厕所革命”也覆盖全部贫困村，生活垃圾定点存放清运率达到 100%。2016 年底，青岛市贫困户全部脱贫；2017 年底，贫困村全部脱贫。

青岛的脱贫特色是采用分类脱贫的措施，因地制宜推进产业脱贫、项目脱贫和助推脱贫三类攻坚模式；全市累计投入财政专项扶贫资金 17.04 亿元，年均增长 10.3%。例如，2015 年杨家庄村为精准扶贫产业项目建设了 5 座大拱棚，村民杨某与村委签订合同，租赁其中 3 座大棚进行玉米、土豆等种植，杨家庄村人均年收入超过青岛市定农村扶贫标准 4600 元，实现脱贫。还有以蓝莓、玫瑰小镇为代表的 20 多个小镇带动了 154 个贫困村的 187 个特色种植、养殖项目；还有许多乡村依托旅游节庆活动形成了乡村“一日游”路线和旅游观光农业项目等。

青岛在精准扶贫、脱贫基本方略上，实施“一镇一规、一村一策、一户一案”政策，产业带动一批、教育脱贫一批、健康扶贫一批、就业上岗一批、金融助力一批、兜底保障一批，形成了各有特色的脱贫路子。为了建立长效的脱贫机制保证已脱贫的农户不再返贫，并且为了防止“速度脱贫”与“被迫脱贫”，政府推出了诸多政策，确保贫困户的住房问题与生活质量有明显改善。除此之外，还建立了督察机制，聘请数十名政协委员，通过暗访等切实行动与贫困户面对面交流，有针对性地进行帮扶。

# 第六节　乡村振兴

2018 年 2 月，《中共中央、国务院关于实施乡村振兴战略的意见》正式提出“做好实施乡村振兴战略与打好精准脱贫攻坚战有机衔接”的工作。2018 年 8 月，《中共中央、国务院关于打赢脱贫攻坚战三年行动的指导意见》再次提出“统筹衔接脱贫攻坚与乡村振兴”的要求，标志着我国乡村发展进入到新的历史时期——乡村振兴的历史阶段。

2019 年，青岛市政府印发《青岛市乡村振兴攻势作战方案（2019—2022 年）》，初步建立了城乡融合发展体制机制，确定了乡村产业转型升级、深化拓展“莱西经验”暨基层党组织振兴、乡村生态宜居、乡村人才集聚、乡村文化兴盛和农村改革创新六个方面的攻坚战。在此过程中，青岛以“五级书记抓乡村振兴”，落实“市委农办 + 五大专班”工作推进机制，取得了一定的成效。

2021 年，青岛市财政安排“三农”资金预算 43.46 亿元，推进 10 个市级乡村振兴示范区建设，全市 80% 的乡村集体经济收入超过 20 万元。在粮食生产方面，新建高标准农田 34 万亩，全年粮食播种面积 720.1 万亩，总产量 312.8 万吨；提升农业竞争力，打造农业品牌，2个品牌入选国家品牌名录，新增省级知名品牌9个，全市地理标志农产品达到54个，“青岛农品”进入中国区域公用品牌排行榜前十；着力培育农业产业链，建设10个现代农业产业园、10个数字农业示范园、27个产业强镇和38个田园综合体；重点进行片区化的乡村规划，形成“美丽乡村”示范片区10个，26个省级“美丽乡村”示范村通过省级验收，青岛市被评为“2021中国美丽乡村建设新典范地区”；在乡村治理层面，以“莱西经验”融合拓展，涌现出多种乡村治理模式，入选了全国优秀案例并得到宣传推广。至此，青岛市的城乡融合发展体制机制已初步建立。

## 第七节　小结

从全国、山东省到青岛市的乡村发展历程可以看出，近百年来以乡村振兴为目标的乡村发展探索形成了四个鲜明的阶段。

### 一、知识分子牵头的第一阶段

20世纪20~40年代，梁漱溟等众多知识分子面对衰退的乡村，身体力行在乡村实践自己的理论与思想，产生了著名的“邹平模式”与“定县模式”等建设模式。他们主要通过教育、文化、道德、实业、合作等方面的措施，实现乡村复兴和重建，并进一步寻求国家救亡、民族复兴的道路。只不过这场乡村建设运动由于更侧重于文化教育，缺少对农村主要矛盾的理解与解决，得不到广泛的支持而以失败告终。中国共产党领导的“乡村革命运动”以土地革命为前提，实现“耕者有其田”，解决了千百年来农民与耕地所有关系的矛盾。

### 二、重工业背景下的第二阶段

中华人民共和国成立后，为尽快恢复国力、缩小中外差距，国家以优先发展工业为主，并实施城乡二元结构政策。在此背景下，农业、农村的发展受到了一定的限制，农业资本被转移到工业发展中去，以支持工业，特别是重工业的发展。但是，农业作为国家之根本，为保证粮食生产和农民安居乐业，农业生产设施，特别是水利设施的修建一直是农村工作的重点；同时，农村的卫生整治、环境整治保障了农村的基本人居环境。

### 三、农民自我投入的第三阶段

家庭联产承包责任制掀起了农业改革，通过一系列的惠农政策激发了农民发展乡村的激情，使得乡村面貌得到积极改善。但在这一时期，乡村的发展动力主要依赖农民自我投入式的建设热情。如来自于基层自治的“莱西经验”，使得农村民主制度建设得到加强，村级服务组织得到健全，集体经济的发展受到重视，在全国农村基层组织建设中发挥了示范引领作用。从基层治理到集体经济，自下而上的自我投入对促进乡村发展与建设起到了积极的促进作用。但是“星星之火”却难以持久，也难以产生实质影响，在城乡的巨大落差下，农民纷纷涌入城市以获取更高的收入。

### 四、国家高强度介入的第四阶段

进入 21 世纪，随着国家综合实力的提升，“以工补农、以城带乡”的基础持续夯实。在此背景下，国家高强度重视和强化“三农”领域，相继出台了一系列政策并加大财政资金的投入，从农业现代化到乡村的基础设施、人居环境、生产条件均得到了明显改善。党的十八大以后，国家推行城乡统筹的力度不断加大，城乡融合成为趋势，“乡村振兴”战略的提出顺应了城市发展和城乡关系演变的客观需要，举全党、全社会、全国之力推动乡村振兴，必然将我国乡村的发展推向新的发展阶段。

# 第三章 | 青岛的海洋传统村落

在青岛的乡村中，海洋传统村落以其历史的沉淀成为最具有代表性、地域性和价值性的研究范本。海洋传统村落作为海洋环境下形成的聚落个体，具有特定的生产、生活方式，是海洋经济中不可忽视的参与者，并形成了独具特色的海洋民俗文化。青岛的海洋传统村落依据其独特的地理人文环境，大致可被分为三类：一是海防传统村落，如雄崖所；二是海商传统村落，如凤凰村；三是海渔传统村落，如青山村和周戈庄。本章以国家级、省级传统村落为对象，对青岛典型的海洋传统村落进行解析。

# 第一节 中国历史文化名村、国家级传统村落——雄崖所

## · 村落名片

**名称：**雄崖所

**称号：**中国历史文化名村（2008）、第一批国家级传统村落（2012）

**简介：**雄崖所位于胶东半岛南岸，即墨区田横镇海滨，丁子湾内部，地理位置险要，古城占地63.97公顷，因其东北部白马岛上的雄伟断崖而得名。雄崖所古城为明惠帝四年（1402年）所建，属鳌山卫管辖。古城为一正方形城堡，周长2千米，占地375亩；城墙由土夯筑，外包青砖、石块，高5米，顶宽3米，十分坚固。雄崖所于1984年被列为青岛市重点文物保护单位，2008年被住房和城乡建设部、国家文物局评为全国历史文化名村，2012年入选第一批国家级传统村落名录。

## 一、抵御倭寇，保家卫国的海防卫所

雄崖所，又称雄崖守御千户所，是现存状态十分完整的海防卫所，依山傍海，山、海、村有机融合，因历史要素丰富而入选中国历史文化名村、国家级传统村落。雄崖所地处温带季风气候区，年平均气温16℃，气候温暖。年平均降水量800毫米，降水十分充沛，雨热同季且光照充足。雄崖所所处地区属玉皇山系，为典型的丘陵地貌，土壤类型以棕壤土为主，主要植被为松柏、槐树，动物有野兔、喜鹊、麻雀、斑鸠等。

雄崖所城位于山东省青岛市即墨区东北部，隶属田横镇。城枕西山，俯瞰东海，南北诸山，势若朝拱。其西南与730米处的玉皇山唇齿相依，东北同2250米处的白马岛形成掎角之势，并与位于大嵩卫的大山寨备御千户所（今海阳市）隔海而望，共轭丁字湾海域。其地势险要，选位得当。隋朝以后属即墨县，明初置所城，历为军事海防要塞。

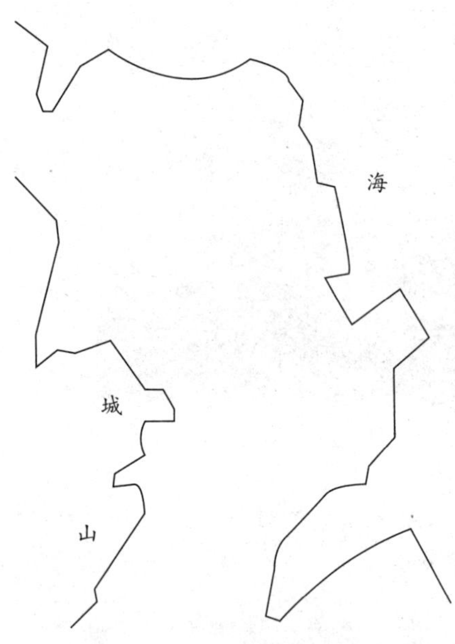

图3.1　雄崖所山、海、城关系图示意图

雄崖所东临大海，西扼群峰，同时又根据自身所处的地形特征进行了调整：雄崖所东西方向形成了依山控海的形势，以西北两侧山脉为依托，南为弯曲的河流，河流对岸有低缓的丘陵，东方是大海，可称作是依山傍海之势（见图3.1）。依山傍海是其选址的先决条件，也奠定了其重要的军事防御地位

据《明史·兵志》记载，明初为了稳定东南沿海地区，在广东、福建、浙江、山东、辽东沿海等要害之地，设置了大量的卫与所。其后，经由洪武、永乐二帝不断完善与巩固，逐步成了中国东南沿海海防的基础，形成了以卫、所为骨架，配以城堡、墩台，辅以巡检司、军寨的强大沿海防御体系。雄崖所便是在这一历史背景下建立的，其历史最早可以追溯到明初。洪武二十一年（1388年）五月，于即墨东部沿海设置鳌山卫，后于洪武三十五年（1402年）设立鳌山卫统辖的雄崖守御千户所。后来，根据《明史·职官志》中“守御千户所不隶于卫而自达于省都司”的规定，雄崖所脱离即墨县行政范围，归山东省都指挥使司管辖。雄崖所原定额设正千户2员，副千户2员，百户2员，所吏目1员，京操军春戍250名，秋戍319名，

守城军余 51 名，屯田军余 77 名。

清朝时期，随着军事功能的弱化，雄崖所几经裁撤。据《雄崖所建置沿革志》记载，清雍正十二年（1734 年），雄崖所裁并归即墨县时，屯田归公，原来的军户成了民户，就地居住，分给土地耕种。中华人民共和国成立后至 1961 年底，雄崖所属丰城人民公社，以城中十字大街的东西大街为界，划分成南雄崖所和北雄崖所两个行政村。1984 年，丰城人民公社改为丰城乡， 雄崖所村被青岛市人民政府列为市级重点文物保护单位。 2008 年，雄崖所村被住房和城乡建设部、文物局列为中国历史文化名村，雄崖所因此得到进一步的保护与发展。2012 年，雄崖所入选“第一批国家级传统村落”，600 年的雄崖所正得到愈来愈多的关注。

## 二、产业单一，传统古朴的村落空间

清末，雄崖所作为普通的村落，原所城将士的后裔便以农业及渔业等第一产业的生产为主。近 300 年来，远离城市发展的村落产业及空间格局基本未变。雄崖所距离青岛、即墨等城区都较远，经济方面无法接受其直接辐射，经济发展的外驱动力明显不足。对内则因为受地形所限，雄崖所的耕地以梯田地为主，不便进行机械化生产，因而生产方式相对传统，空闲土地较多，农作物产出低，居民家庭收入不足。远离城镇使得雄崖所整体格局得到保护的同时，也导致了村内丰富的历史资源无法产业化，加之缺乏特色产业，发展至今第三产业仍发展较慢，仍然是以农业为主导的结构。在经济发展弱驱动的格局下，村内的社会文化发展也较为滞后。

雄崖所因明朝卫所制度而建立，故与其他传统村落相比，《周礼》的营国制度对其的影响更为明显。所城整体格局居中方正，东西长 337 米，南北长 389 米，周长为 1452 米；所城内地势西高东低，北高南低；城墙高约 6.85 米，底宽约 8 米，顶宽约 3 米，由土夯筑，外包青砖。城墙在东南西北各有一门：东门，又称“福门”，题额“福海”；西门，又称“寿门”，题额“镇威”；南门，又称“喜门”，外门题额为“奉恩门”，内门题额为“迎薰”，其上有楼阁，为观音殿；北门，又称“禄门”，题额“安定”。南门外南偏东 800 米处有兵马营和西邻的校场，城墙外四周护城河上宽约 3 米，下宽约 1.5 米，深约 4 米。护城河环城池而建，是典型的古代防御城池的建制。所城内由位于中心的十字街构成主体框架，为全城的核心，周边分布有祠堂、衙署；因受营国制度的影响，雄崖所内建筑同样分布规整，横纵两条主轴将所城分划为几近规整的四部分：东南隅为预留空地，东北隅为主居住区，西南隅为居住区，西北隅主要为仓廒、庙宇等。纵向主轴联系南北门，与正方向形成约 25 度夹角；横向主轴衔接东西门，与东西正向夹角约 10 度（见图 3. 2）。

雄崖所作为中国历史文化名村，以原城墙为界划定了 13.7 公顷的古村保护范围

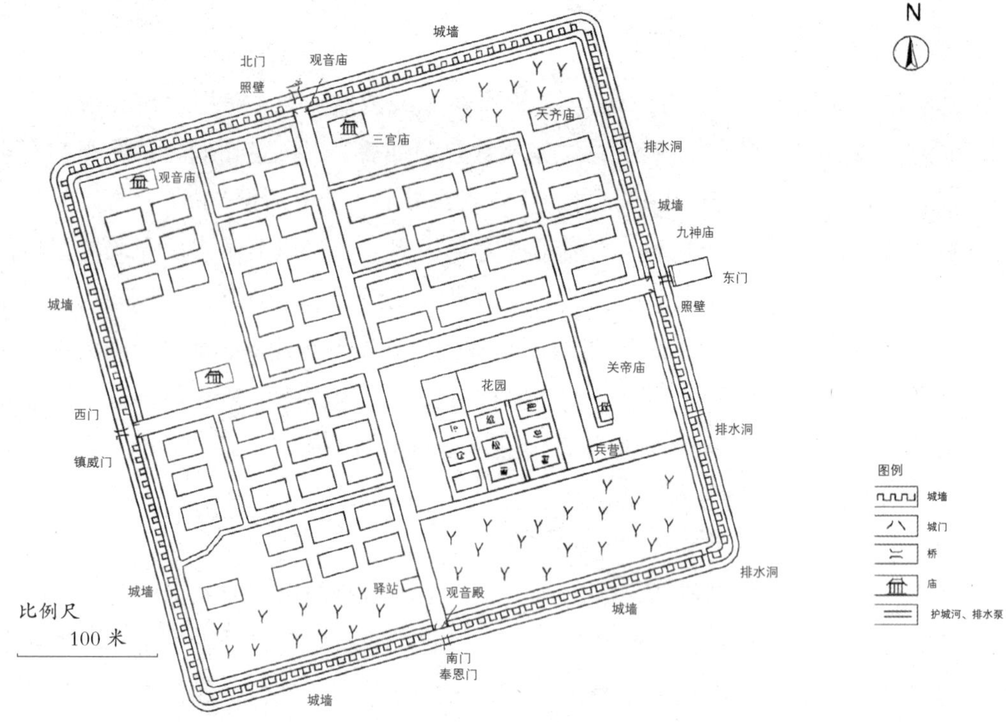


图 3.2 雄崖所平面图（图源：《山东海疆文化研究》改绘）

进行整体保护，主要历史环境保护范围及要素为古井、马道、兵马营，出水洞、城墙遗址、城墙，庙宇遗址、照壁等，现在东、北两门已经不复存在，东南方残存有一段城墙（见图 3.3 和图 3.4）。主街道、巷道与宅前道三种级别的道路构成错落有致的街巷空间，是村民日常活动的重要场所：主街道双侧有建筑，且相对较宽，村落内的交通往来以及商业活动主要依靠于此；巷道相对街道而言较为复杂，一般比较窄，与每户村民相连，起着分散人流的作用；宅前道承担着连接民居与巷道的功能。

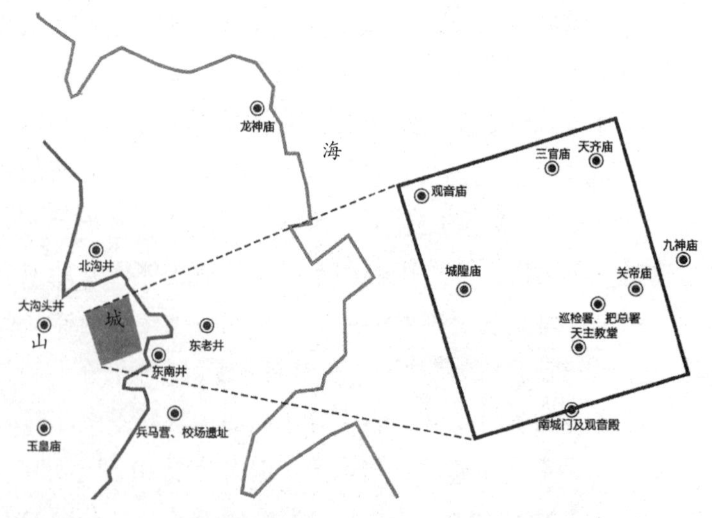


图 3.3 雄崖所历史环境保护范围及要素

图 3.4 雄崖所现状照片

其街巷命名具有特色，以姓氏为主，如张家街、李家街、孙家街等，反映出以家族集聚为主的所城居家特征。

雄崖所城墙内共有 600 余处建筑，其中包括 3 处保护建筑，其建筑以石头民居为主（见图 3.5）。民居建筑为中国传统的合院，多为一面建筑、三面院墙围合而成，中心为活动空间，一般用于谷物晾晒、种植养殖或存放物品；合院中多于大门对面建设影壁，少部分居民则直接将影壁设在厢房山墙上。合院院门的开设有两种形式，一种是直接开在院墙上，还有一种是以厢房的门作为院门，院门材质以双扇木门为主。合院中建筑风格中正规矩，多由砖石结构构成，并以砖石作为主要支撑结构；建筑以尖山顶或圆山顶为主，其中尖山顶是明代典型的建筑屋顶形式，由此可见雄崖所历史之悠久。

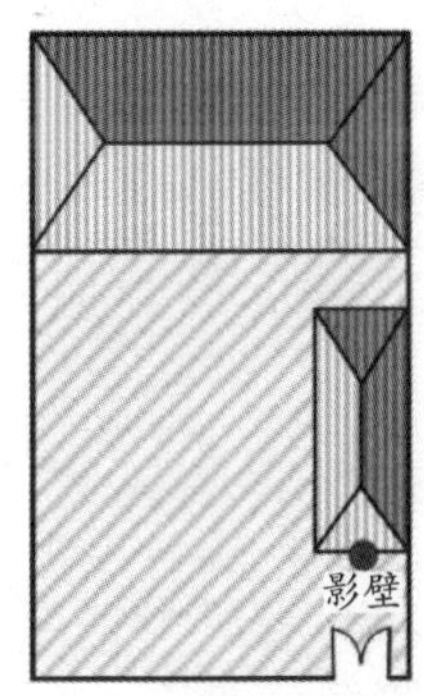

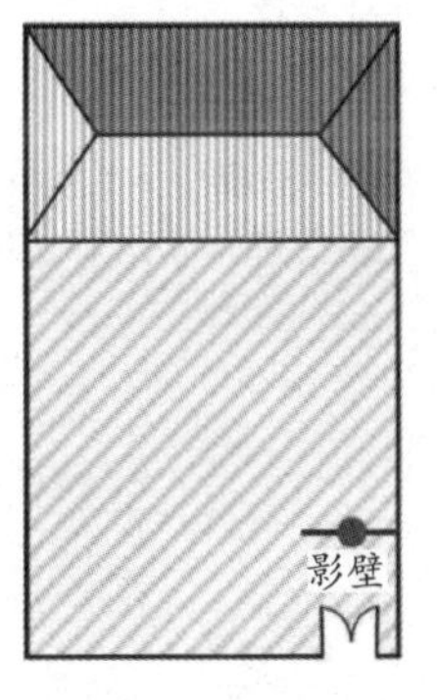

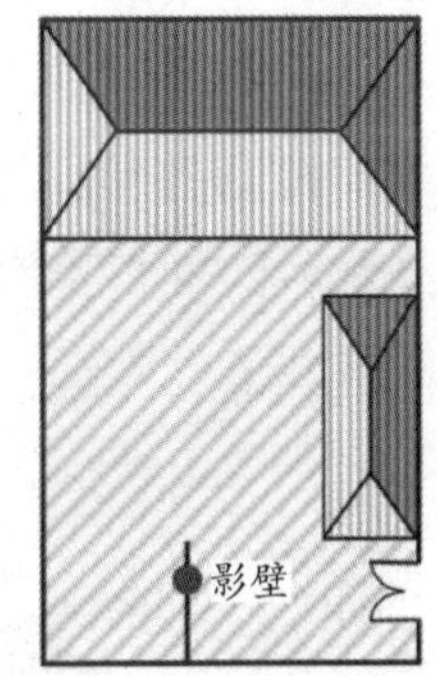


图 3.5 雄崖所院落基本形式

### 三、时过境迁，传承民俗的社会文化

雄崖所居民多为明代移民，姓氏构成较为复杂。从清雍正十二年（1734 年）后，雄崖所裁撤成为一座村落。以所城东西大街为界，分南、北两个村，合计有 1002 户，2806 人。两村现有世居者，包括李、王（汪）、陈、韩等共计十六姓，他们绝大多

数是军户的后裔，其中的“一李双王陈韩陆”姓，其先祖都曾任过雄崖所千户、副千户。

在社会生活方面，雄崖所居民的衣食住行方面都随着时间发生了变化。衣着方面，所城居民最初的衣着服饰以明朝的军服为主，清朝逐渐转变为与平民相似的服饰，再到后来与平民不再有任何区别。饮食方面，所城居民最初的饮食以米饭为主，食当季蔬菜与海鲜，后来逐步融入地方饮食习惯，以饺子、馒头与面条等面制品为主食。住房方面，雄崖所建制之初，房屋样式与面积因千户、百户及一般军户的级别而异：级别越高，居住面积越大，居住条件越好。雄崖所没有公署，千户、百户等各级军官都在自己家中处理军务，因此级别高的军户家中还有办公的地方。改革开放后，不论是外部条件还是内部装潢，居民的居住环境都得以改善。

雄崖所最具特色的是其丰富的文化资源，特别是庙宇繁多。据史料记载，所城内外共有庙宇 13 座，城内有关帝庙、天齐庙、观音殿（3 座）、城隍庙、三官庙；城东有先农坛、九神庙；白马岛上有龙神庙、十八罗汉寺、观音殿；玉皇山上有玉皇庙；在西门外的庙顶山上也有庙宇一座，久圮，无考。雄崖所的营建制度是依照明代营建制度而建，空间方正，以十字街统领全城，由十字街街口呈圈层向外布局，中心附近为衙署和祠堂；主要的庙宇位于城墙内外附近；所城外围的山、海岛形成外合之势，分布有玉皇庙、龙神庙与十八罗汉寺，都是依托“面海依山”的建筑理念而进行的选址。

雄崖所内居民每逢节庆还会举行诸多庙会活动，其中最为隆重的是每年三月初九的玉皇山庙会（见图 3.6），一直延续至今。每逢玉皇山庙会之时，雄崖所居民抬出玉皇大帝执什，并组织周边各地的乐队，到玉皇庙进行祭祀仪式。山上的玉皇庙内，祭品陈列齐整，等待仪式开始。玉皇大帝执什来到山上后，乐队持续奏乐，雄崖所及各村的重要人物上香，并行四叩礼，以感念玉皇大帝恩德，并祈求“四季平安，五谷丰登”等好兆头。

图 3.6　玉皇庙及庙会

神话传说同样是雄崖所文化的重要构成部分之一。在雄崖所的神话传说（见表3.1）中，核心内涵是祖先崇拜的占比最高，其次是以神喻人，居民对于祖先和神灵有着极高的崇拜之情。在祖先崇拜的神话传说中，大都是以先人神韵反映庙宇祠坛的灵气，也就是借神话传说提高信仰空间的可信度。雄崖所的信仰文化及空间载体虽然经历了几代人的保护、延续以及重新建设，但依旧逐渐在丧失活力。在这里生活的村民仍需要将传统文化与生活耦合更加紧密的场所。

表 3.1 雄崖所神话传说汇总表

<table>
<tr><th>序号</th><th colspan="2">名称</th><th>核心内涵</th><th>文化基因</th></tr>
<tr><td>1</td><td rowspan="3">雄崖所“三大怪”</td><td>西门威字点下来</td><td rowspan="3">村庄建设元素解释</td><td>祖先崇拜、平安之求</td></tr>
<tr><td>2</td><td>庙名玉字点在上</td><td>祖先崇拜</td></tr>
<tr><td>3</td><td>庙顶山上无庙宇</td><td>自然对人类文化的影响</td></tr>
<tr><td>4</td><td rowspan="4">玉皇山与玉皇庙</td><td>徐辉祖定城池，玉皇庙镇恶龙</td><td>假借灵异事件表达对祖先选址行为的满意</td><td rowspan="4">祖先崇拜</td></tr>
<tr><td>5</td><td>庙中供桌藏一山穴眼</td><td rowspan="2">假借灵异事件反映特定地点的神</td></tr>
<tr><td>6</td><td>金瓜之地现金瓜</td></tr>
<tr><td>7</td><td>父子海上迷路，玉皇庙指方向</td><td>表达民众对祖先建造玉皇庙的赞誉，借物誉人</td></tr>
<tr><td>8</td><td rowspan="3">白马岛与雄崖</td><td>道士上岛偷磨，和尚施法收回</td><td>对不正之举的批判</td><td>儒家思想</td></tr>
<tr><td>9</td><td>蟹将大战蛇妖</td><td>标志性地物特点源于神话传说</td><td>自然对人类文化的影响</td></tr>
<tr><td>10</td><td>白龙变白马，<br>小将治倭寇</td><td>标志性地物名称源于神话传说</td><td>以神喻人，对世间真善美的崇敬</td></tr>
<tr><td>11</td><td colspan="2">道士祈雨，先农显灵</td><td>在信仰空间上寄托了人类美好的愿望</td><td>以神喻人，对世间真善美的崇敬</td></tr>
<tr><td>12</td><td colspan="2">杨巡检秉公为百姓，<br>城隍庙审城隍爷</td><td>名人轶事，对造假、欺骗行为的批判</td><td>儒家思想</td></tr>
</table>

（续表）

| | | | |
|---|---|---|---|
| 13 | 逢开春，赠鲅鱼 | 节日风俗由来 | 世代流传的风俗，以自身行动怀念先人 |
| 14 | 大年五更吃饺子，没有外四家 | | 纪念历史事件，表达对安定生活的向往 |
| 15 | 荆条山青蛇白蛇传说 | 假借异常事件表达对神灵的崇拜之情 | 以神喻人，对世间真善美的崇敬 |
| 16 | 看花姐姐传说 | | |

## 四、保护发展，海防卫所的美丽蜕变

雄崖所作为山东省保护最为完整的卫所，首批即纳入青岛市“美丽乡村”示范村，开始进行所城的更新。首先的一项重要工作是对明清老屋尽调和摸底建档，进行分级保护。其重点是南城门广场改造工程和十字大街改造工程。15000平方米的文化休闲广场，气势恢宏，将牌坊与南城门的中轴延伸至所城内；进入城门就是以青石板铺成的十字大街；以老旧石块修复的小巷与大街浑然一体；十字大街下面是改造升级的给水和污水管网；十字大街两侧的民居一改破败不堪的原貌，能工巧匠已经用旧石干切法进行了沿街的保护性修复。另外一项重点工程就是新建设的旅游接待中心和扩建的博物馆，博物馆利用绘画、实物、视频等多种方法，栩栩如生地展示了雄崖所600余年的历史，使古老海防边塞的历史得以重现。原有的老衙门也完成了保护性修复，雄崖守御千户所衙门重现世人面前。

在发展上，近年来，雄崖所凭借丰富的乡土景观资源与卫所体验活动的有机结合，同时融入“丰城地瓜”国家地理标志商标的特色甘薯产业和丰富的海产品资源，促进了文化、农业、旅游的深度融合，正在着力打造乡村旅游新路线。

## 五、结语

雄崖所，这座位于静谧的大海与巍巍的山峦环抱中的古城，孤独地卧在百年海防的历史与现实之间。每一个游客循着历史的记忆来到这里，贪恋着它的古朴与厚重，却在冷清的街巷中无处安放现实的热情。雄崖所的历史资源在政府的精心保护下得以维存，但是如何从资源走向资本，是雄崖所现在面对的最大问题。

# 第二节
# 国家级传统村落——凤凰村

## 村落名片

**名称：** 凤凰村

**称号：** 中国传统村落（2013）、全国生态文化村（2014）、国家规划示范村（2016）、省级旅游特色村（2018）、青岛市乡村旅游特色村（2020）

**简介：** 凤凰村位于即墨区金口镇，因北山形似凤凰而得名，是明朝人口大迁移和金口港发展的产物。村域 1.3 平方千米，居民以房姓为主，占村民总数的 90% 以上。农作物以小麦、玉米、花生、地瓜为主，生产方式较为传统。凤凰村 300 年历史清晰可见，明清时期的 55 处古老民居至今仍矗立在村庄内，保存完好；村内房舍排列整齐，墙壁大多是用石头堆砌而成，青石小巷、大木门等经典建筑样式在村落中随处可见。

## 一、依形择址，环山抱水的海商村落

国家级传统村落凤凰村，位于山东省青岛市即墨区金口镇，地处沿海温带季风气候区，气候宜人，四季分明且冬暖夏凉，年平均气温 12 摄氏度，年平均降水量 700~800 毫米。夏季以东南风为主，冬季则以西北风为主。界内凤凰山展翅而立，风光秀丽；海拔 91.6 米，植被有黑松、槐树、枣树、苹果、板栗等。明朝是山东村落重构的重要时期，在朱元璋的大规模移民政策下，永乐年间（1043~1424 年）房氏由云南乌沙卫“歌乐屯”来此立村；万历年间（1563~1620 年）海禁取消，金口镇发展为经济口岸，天启年间金口镇开埠迅速崛起，通达四海三江，凤凰村因此得以快速发展。

凤凰村的选址，着眼于山川形势和自然环境的选择：首先，北、西、南三面环山，阻挡了冬季西北风，东南部的金口滩使温暖湿润的夏季风长驱直入，处于北阡河的环抱之地；其次，东南部是广阔平坦的金口滩，土壤肥沃、植被丰沛，且拥有丰富优质的水源，又邻海有鱼盐之利，在农业历史背景下生存优势突出。于是，聪慧的先人们将凤凰村建在河流的抱边湾内，“水抱边可寻地”，河流的泥土在“抱边”的地方堆积起来，形成安全的港湾。在建设过程中，受凤凰山形态影响，以凤凰展翅为形进行村庄布局，整体形态形似凤凰（见图 3.7）。

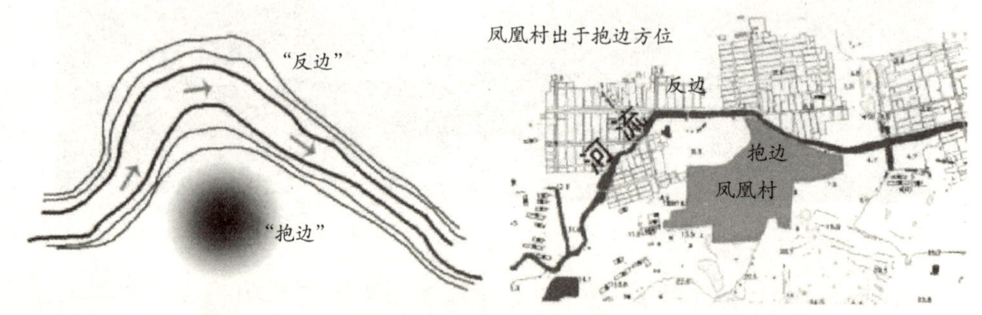


图 3.7　凤凰村“抱边”示意

根据《房氏族谱》记载，随着金口开埠，房氏先辈以到南方贸易经商为生，去时将当地的农产品带到南方进行买卖，返程时将南方特有的紫杉木、青砖、灰瓦等带回村庄进行房屋建造，逐渐形成村庄，因地处古阡之北，故称北阡。随着金口港地处的五龙河经数百年的泥沙淤积，导致金口港逐步走向衰落。光绪二十四年（1898 年），德国强占胶澳，威海、青岛先后辟为商埠。随着 1915 年胶济铁路的通车，金口港的航运价值愈加没落。在此 200 多年间，在“读书志在圣贤，非徒科第；为官心存君国，岂计身家”的房氏家训的指导下，在这个偏远的小村里，房氏家族崇文重教，孝悌传家，逐渐发展成科甲连第、人才辈出的文化世家，培养出了一代代优秀子孙。到了 1946 年，房氏聚落以北阡河为界分为两个村，北阡河北的村庄沿用原名北阡村，北阡河南的村庄因靠近凤凰山而名为凤凰村。

2007 年，在对凤凰村北的北阡贝丘遗址的考古研究中，发现了距今约 7000 年的北辛文化时期的陶片、灰坑、炊具支脚，这也把青岛所知古人类活动的历史由距今 6000 多年前的新石器时期的大汶口文化提前到距今 7000 多年前的原始社会早期的北辛文化，改写了青岛的古代历史。

## 二、农耕为主，旅游为辅的村落空间

凤凰村位于即墨区东北部，位于金口镇（南阡村）东北约 4.0 千米处，距离区中心 35 公里，距离青岛市中心 80 公里。村庄对外主要有两条通道，一条为南北向的金口路，南接莱青公路、北通荣威高速；一条为村中东西向的道路，东约 1.2 公里处接莱青公路。北阡河将房氏百年聚落分为北阡村和凤凰村两个村；凤凰村村南 600 米处有凤凰山，还有一处水库，水域面积约 2.1 公顷（见图 3.8）。

凤凰村用地类型以农业用地为主，面积约 94.3 公顷；其次为果林用地和林业用地，分别为 11.99 公顷和 7.18 公顷；村内建设用地为 11.15 公顷。村民以务农为主，主要种植小麦、小米，其次是花生、地瓜。近年来，外出打工的人越来越多，村内留守人员以老年人为主。村民主要收入来源为外出打工，家庭年收入在 2 万～6 万元之间，其中，年收入超过 5 万元的家庭占比 60%。村内有卫生诊所一处、幼儿园一处。

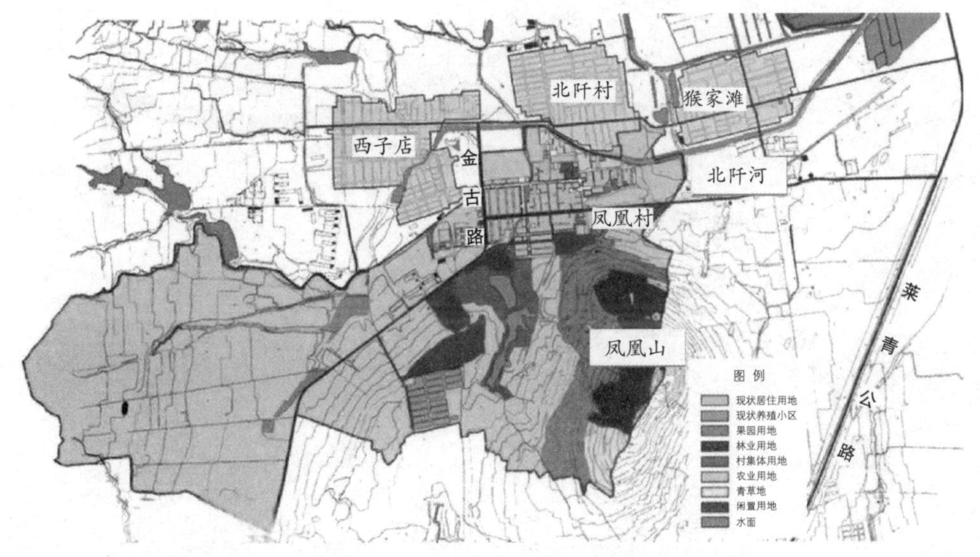


图 3.8　凤凰村及周边村落现状示意图

近年来，随着历史资源的宣传和开发，凤凰村吸引了一部分人来这里游览。

明清以来，房氏聚落人口少而物资丰富，随着人口的增加，村庄逐步扩展。村中因做官的多，极具实力，便开始兴建豪宅、宗族祠堂和商铺客栈等，随着功能的不断完善，村落也不断发生改变。到中华人民共和国成立初期，村中保留比较完整的古建筑有100多处，这些古建筑多为四合院，风格古朴，结构合理，庭院宽阔敞亮，装饰考究豪华。村落外围建有庙宇、墓地等。20世纪七八十年代，牌坊、祠堂、东庙与魁星阁等被迫拆除，新建建筑的红瓦屋面渐渐取代了以往灰瓦、白墙与青砖为代表的传统风貌，并逐渐形成了如今的凤凰村（见图3.9）。

图3.9 凤凰村形态结构演变示意图

凤凰村的保护范围主要位于核心区（见图3.10），现存传统风貌民居共143栋，300多年以上的老宅共60多处，二品大员的住宅有7处，七品以上官员住宅28处，300多岁的古银杏树2棵。核心区成型于明清时期，因金口古港贸易而发展壮大，

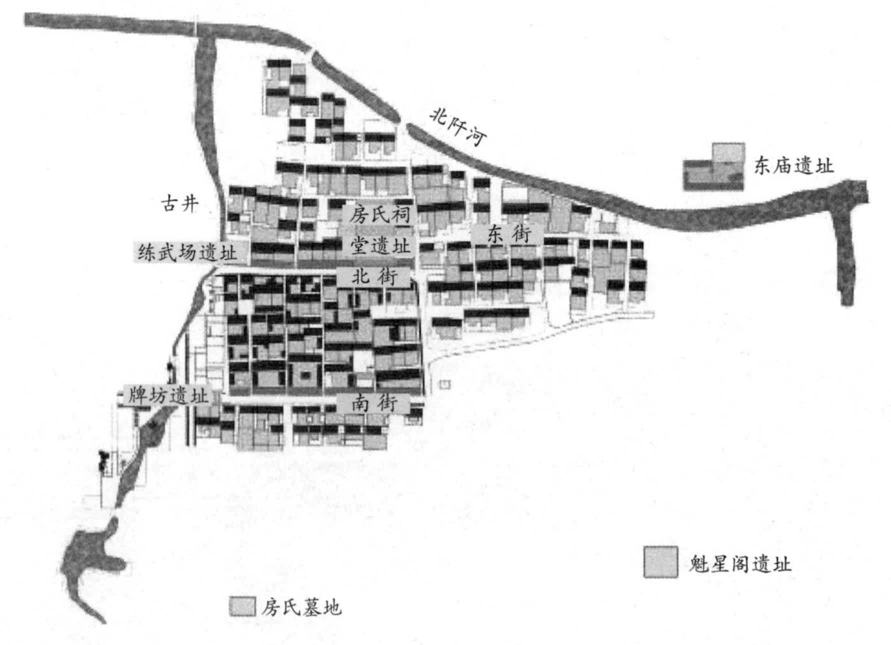


图3.10 凤凰村保护核心区示意图

因此凤凰村内的建筑具有南北融合的特点，体现出原闽浙故居的建筑风格；房氏的仕途升迁，又使得建筑体现出明清北方官式民居群的特色。凤凰村是以血缘族群构成的空间聚落，村内空间结构井然有序，主次分明，脉络清晰。房氏家族在村落成形之初就于中心设立房氏祠堂，其形制严格实行中心对称，之后的住宅建筑都围绕其建设，而今已成为村委会。凤凰村村居建筑多以石头为基、木头为顶，辅以砖、瓦、灰与沙石等材料。现保存较好的古老宏大的民居主要集中在南街，房栋庭、房枫庭、房辉故居等多整体完好，细缝花墙、垂檐瓦脊、象形取意的砖石雕刻均保存完整。

村中的小路以青石铺路，街巷狭窄，大部分小巷仅有 1.5 米左右，串联起家家户户。村中没有过多的开敞空间，仅有明清时期的一处练武场，现为村中的广场，与村西侧广场空间成为村内主要的公共活动空间。村内原有两座牌坊，一座是功名牌坊，另一座是节孝牌坊，现已经无觅处（见图 3.11）。

图 3.11　凤凰村古宅、小巷

### 三、龙王“祈福”，天后“庇佑”的社会文化

昔日金口港的繁华兴盛，涌现出了一批富商巨贾，也带动了周边村落发展。海商从事海洋商业贸易活动充满风险，因此海神信仰成为金口地区的主流文化。金口地区不仅有北方的海龙王信仰，还逐步融入了妈祖信仰。乾隆年间，南北客商捐资兴建了天后圣母行宫，兼有火神庙和财神庙。自此，天后信仰成为金口地区的主流信仰。200 余年间，天后宫历经 5 次修缮和重建。2002 年在当地商人资助下天后宫得以重建，同时兴建的还有龙王庙。

凤凰村依托金口港发展，在信奉妈祖、龙王的同时，形成了房氏族群的社会文化氛围。魁星是我国神话中主宰文章盛衰的神灵，房氏家族在村东南角凤凰山东北坡建魁星阁，三层六角形，阁朝西的大门门楣上题有“文运天开”四个字；阁中魁星手持文笔、目视凤凰村，以此寓意凤凰村官员辈出。东庙建在村落东北角，其遗址现为农田，建筑基础仍位于农田之下，现仅存有两棵百年银杏树。凤凰村的房氏祠堂已被毁，但是族徽仍在。北阡河对岸的北阡村房氏祠堂得以保留，时至今日香火不断，天南海北的房氏子孙都会来此祭拜先祖（见图 3.12）。

房氏家徽　　房氏祠堂

图 3.12　凤凰村房氏家徽与北阡村房氏祠堂

金口天后宫一年之中主要有三大庙会：第一次是正月十六庙会，亦叫唱灯节，这次庙会以给天后圣母“拜年”为目的；第二次是三月二十三庙会，以为天后圣母“庆寿”为目的；第三次是九月九庙会，因是天后圣母“升天成神”日，再加上是重阳节，当天来此赶会的人非常多。十里八乡的居民都会在此期间来到天后宫参加庙会，世代延续下来的庙会加强了金口地区的人文与经济交流，具有广泛的群众性和民间传承性，2011 年 6 月被列入第二批即墨市级非物质文化遗产保护名录。

### 四、凤凰涅槃，文旅新发展道阻且长

老龄化和空心化是凤凰村目前发展所面对的最大问题。从 2010 年起，凤凰村的人口自然增长率一直为负，村里年轻人越来越少，人口老龄化严重，60 岁及以上人口占到了 29%；中青年多在外务工，超过 40% 以上的住户房屋空置。虽然凤凰村核心保护区未动一片瓦，60 余处古宅得到了有效保护，但是具有历史价值的老建筑，长期空置无人居住，老化严重。

2016年，金口镇政府以“保护开发，最小干预，修旧如旧”为原则对凤凰村进行了村庄建设规划，并提出了“一山、一站、一长廊；一园、四街、十节点”的景观规划格局，进行了街巷铺装、河道浆砌、植树绿化，修建了凤栖苑、荷花池、竹林等节点景观；重点对55处古建筑的墙体、门楼、屋顶等做了保护性修缮；开发了刘家油坊、房家磨坊、封缸老酒坊与民宿等产业项目。凤凰村的基础设施也得以进一步完善，修建了污水处理厂1座，铺设污水管线6500米，建设了三格式化粪池176个，建设户沉淀井143个，采用一体化设备处理污水，处理后的污水用于水系景观、绿化灌溉等，使得村内的河流污染得以有效改善。另外，在凤凰村外，还建有凤凰山农业观光采摘，有卧牛山红杏、金浩葡萄、垒里树莓、东街苹果等农业园区。

## 五、结语

凤凰村在青岛的村落发展中具有其独特的历史文化价值。第一，凤凰村与金口古村同为金口古镇的历史母脉，金口古村的没落及历史风貌的消失使得凤凰村的历史地位和价值更为重要。第二，凤凰村始建于明清，代表着特定环境中和谐的人类聚居空间，是“田园山水与耕读文化”境界的体现，承载了璀璨的地域历史文化。第三，凤凰村作为青岛港口文化的历史坐标其价值亟待挖掘，金口古港的历史远早于青岛港、烟台港、威海港，历史上曾是胶东第一大港，海商文化孕育出了凤凰村独特的文化魅力。第四，凤凰村的研究价值丰富。传统村落是人类历史文明的产物，被誉为“民间收藏的国宝”与“传统文化的明珠”，是珍贵且特殊的历史文化遗产，因其蕴含丰富的哲学思想与意境追求，又被誉为人类文明的“活化石”。

但是，如今凤凰村的村域产业、村庄建设、民生发展和文化传承等都面临着巨大挑战：农业主导下的产业结构单一，文旅产业难以激活，第二产业和第三产业的羸弱使得凤凰村虽然有良好的历史文化资源，但无法被充分开发利用；在村庄建设方面，传统建筑的活化利用与村庄人口外流、房屋空置率高的矛盾突出；民生方面，凤凰村有良好的人居环境，但是村民人均收入较低，无法满足日益增长的社会经济需求，导致劳动力外流严重，老龄化问题突出；凤凰村作为文物秀才村，文脉传承日渐式微。

# 第三节
# 国家级传统村落——青山村

## 村落名片

**名称：**青山村

**称号：**国家级传统村落（2012 年）、山东省记忆渔村（2015 年）、美丽乡村精品村（2016 年）

**简介：**青山村地处沧海之滨，崂山山脉东部南端，建村至今约有 600 年历史，现村域面积 6.3 平方千米，山林 6000 余亩，耕地 974 亩，茶田 400 余亩，村庄占地面积 1500 亩，海岸线长度 7.2 千米。村内有明清时期的古民居、古石桥、古石碾、明代石刻、林家祠堂门楼等古建筑遗迹 12 处，彰显着其海洋人文底蕴；蓝天碧海，青山相映生辉，青山、梯田、茶园、村落、渔港、海湾、海岛相映成趣，共同构成了错落有致且层次分明的优美渔村风景，绘制了一副壮丽的山、海、天画卷，依托民俗浓厚、茶香景美的人文景观，描绘了青岛“美丽乡村”的特色名片。

## 一、沧海之滨，入怀崂山的传统村落

青山村隶属青岛市崂山区王哥庄街道，位于崂山国家级风景名胜区核心景区，距青岛火车站约40千米，距太清宫约2.5千米。青山村地处中纬度暖温带季风气候区，四季分明，雨水丰富，湿润温和，昼夜温差小，无霜期长。

明朝永乐年间，有高氏居住此处为山工（亦称开山户），拓荒成田，因居住在面积较大的平坦处，故称居住地为高山洼。随后，林氏由中国台湾，姜氏、唐氏由山西辗转至此，几大姓氏沟通后协定村名为青山。明清青山村隶属即墨县海润乡肖旺社；1916年，青山的湾子（泊船码头）建成；1933年，青山小学建成；1938年起，日本侵略军烧杀掠夺，在黄山口修筑炮台，监视和盘查过往行人；1949年6月，设崂山行政办事处，青山村属晓望区；1958年12月，设王哥庄人民公社辖青山大队；1969年，青山村军民水库（今青山水库）建成；“文化大革命”期间，青山村祠堂及其他文物破坏严重；改革开放以来，随着建筑行业的发展，居民开始施工建房；同时，村民也开始了依托丰富的资源走上个体种植茶园的道路；2004年，青山村正式更名为青山社区。近年随着旅游业的发展，青山社区由传统渔村全面转型为以渔家文化为特色的旅游社区，并有着崂山“渔村民俗风情博物馆”的美誉；2012年，青山村被评为中国首批国家级传统村落，也是山东省十大传统村落之一。

青山村位于崂山怀抱，三面环山，一面临海；崂山为其遮风御寒，天然港湾为村落发展渔业提供了先天优势；同时，典型的花岗岩地貌方便了居民就地取材，安家落户；村落周边的南河、北河提供了丰富的水资源，为青山村的发展壮大奠定了丰富的资源基础。青山村村落选址顺应人与自然和谐相处的思想，遵循因山就势、保土理水、因材施工、珍惜土地、水脉等原则，既保护了自然生态格局与活力，又巧妙利用地势，随坡而上，组织灵活自由的环境空间。青山村周边的旅游资源丰富，正西4千米处有上清宫和明霞洞，西南2千米处有太清宫、3千米处是八水河，往西1千米处与沙子口街道大平岚接壤，南临大海。在黄山头与三亩顶之间形成了一个天然港湾，面积约1平方千米。港湾南部建有防浪坝已百余年，湾内建有长约200余米的码头，百余条渔船停靠在港湾内，方便了村落村民开展垂钓、捕捞、补网等渔家生活活动（见图3.13）。青山村域内河流有三条，分别是八水河、南河与北河，八水河是域内最大的河流，沿途有8条支流入河，经崂山风景旅游区流入大海，全长13千米；南河全长6千米，北河由村中间穿过流入大海，全长2.5千米，两河季节性变化较明显，汛期洪水暴涨暴落，而枯水期流量很小，很多时候发生断流。

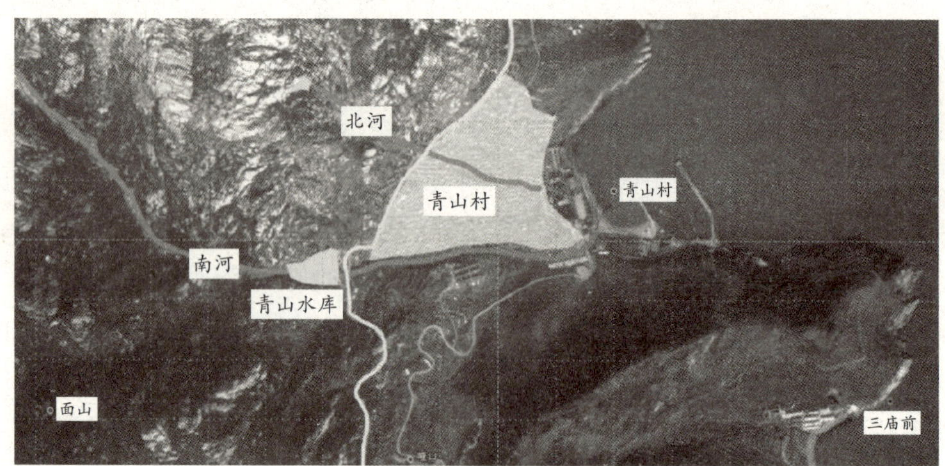


图 3.13 青山村地理环境

## 二、茶渔互补，文旅驱动的村落空间

百年来，青山村是农渔结合型村庄，地处山区耕地非常有限，因此出海捕鱼成为其主要产业。中华人民共和国成立后，青山村耕地有 1187 亩，平均每人不足 0.4 亩，且多为陡峭梯田。20 世纪 60 年代初，崂山林场试植南茶北移项目，在崂山太清宫南洼和西莹种植成功，因气候适宜，长势茂盛，成就“仙山圣水崂山茶”的美誉。改革开放后，青山村实行土地承包责任制，为产业结构调整奠定了基础。20 世纪 80 年代开始，可耕地除种植粮食、蔬菜作物外，多种植山楂、银杏等经济树，因收益不高，逐年改植茶叶等作物。青山村退耕还林、退耕还果 180 余亩，发展崂山茶的种植，形成 400 亩崂山茶田（见图 3.14），种茶成为为青山村带来重要收入的高效农业。

图 3.14 青山村茶田与采茶

渔业一直是青山村的主导产业。建村伊始，青山村人就依托青山湾进行打鱼作业。1916 年村民共同兴建了码头，后经过多次改造。1960 年在青山湾的西岸建海水养殖场，养殖鲍鱼、海参，养殖场由青山村集体建设，承包给村民，是村民和村集体重要的经济收入来源。打鱼和养殖共同成为青山村渔业的基础。20 世纪 80 年代，居民住房需求的提高带动了建筑业的兴起，形成了以建筑业为主，渔业、旅游业为辅助的经济发展格局。20 世纪 90 年代，又进一步发展为以渔业为主导，旅游业、建筑业为辅的经济发展模式。进入 21 世纪后，旅游业快速发展，2010 年 3 月，将 4.3 米的旅游路扩宽到 7 米，全长 2600 米；10 月，在原小码头（铁桥码头）建设旅游码头一处。现在青山村的产业发展成为以渔业、旅游业为主，茶叶、建筑业等多种经营产业全面发展的经济模式。

时至今日，青山村的产业收入中旅游业独占鳌头，其次是渔业、茶叶，形成“上山茶、中家宴、下海渔”三足鼎立产业体系；社区内行业从业者占比为旅游业 40%、海水养殖业 30%、远洋捕捞 20% 左右，还有一些其他职业。海水养殖场包括青山湾、三亩前湾、试金石湾三处湾区，有 400 多亩海洋牧场（见图 3.15），进行鲈鱼、黑头鱼、贝类等多种类养殖。凭借优越的地理环境，在千年道教名山与国家风景名胜区的加持下，青山村的旅游业逐步发展壮大，形成了以寻山问道、观海赏石、休闲养生、海上垂钓、聚餐度假等多元为一体的旅游模式。

图 3.15　青山村的海水养殖

但是，青山村的发展也进入了瓶颈期。首先，因地处景区范围内，封闭式的管理、国家风景名胜区的建设制度等限制了它的成长；其次，弱集体分散经营下，旅游产品一直徘徊在农家宴等低端产品区，茶园、果园、养殖业等农产品也以农户粗放经营为主，难以合力铸就品牌；再次，虽然相对于雄崖所、凤凰村，青山村的集体收入已经很多，但是相对于青山村得天独厚的资源禀赋来说，集体经济的带动作用较弱。

青山村建设用地面积有 1500 余亩，1000 多座民居随形就势、依山而建，自海岸向山步步登高，整体遵循“南不遮北，东不挡西”的原则，保证了每家每户良好的视野、朝向、通风和采光。红瓦粉墙的石楼房掩映在群山的翠绿色中，青山碧海、红瓦绿树、灰石木船交相辉映，层层叠叠交织在港湾中，展现出青山人“临海依山靠石头，捕鱼种薯度春秋，爷娘儿女强筋骨，小院家家开石榴”的美好生活画卷。

村中至今仍保留着许多历史的印记，有庙宇、祠堂、古迹遗址 10 余处，古石磨、古水井、百年老祠堂等保存完好，沈鸿烈修建的古桥（见图 3.16）也在村中，成为宝贵的历史文化景观资源。村中的庙宇、铁佛寺早已无觅处。现存的民居主要是 1980~1990 年建设，其次是 1990~2000 年建设的，村西有少量 2000 年后修建的民居（见图 3.17）。现状民居多为坡屋顶院落，屋顶颜色以红色为主，层数多为 1~2 层，材质基本为石材、红砖，屋顶形式有平屋顶、两坡屋顶和四坡屋顶等。民居大都就

图 3.16　沈鸿烈修建古桥

地取材，以大块石头砌成，坚实厚重；设有正房和厢房的三合院或四合院为其基本的院落形式；院墙正中多设有门楼，大门方向随街巷的走向而定。民居一般将堂屋设在正房中部，卧室布置于堂屋两侧，院内一般安置附属用房。院落之间有独立分隔和联列成排两种形式，且院落入口方向多样。由于当地气候与材料的限制，民居的建筑进深普遍较短，院落占地大，这使得两相邻院落之间走道狭窄，仅有 1 米左右，不过也正因此形成了曲径通幽、尺度宜人的小巷。小巷起伏频繁，多台阶；且小巷宽窄不一，富有变化（见图 3.18）。

图 3.17　青山村建筑的建成年代

图 3.18　青山村的小巷

青山村公共服务设施较完善，有派出所、文化服务站、幼儿园、小学、卫生站、2 处广场和多个商店等。村内用水主要来自青山水库，早期污水利用地势高差进行明沟、暗管排放。2020 年，在王哥庄社区生活整治工程中，实现污水统一收集、统一处理、达标排放。近年来，投资 2000 余万元，对村庄的石牌坊、旅游进村路、停车场、1400 平方米门头房、旅游码头、500 余米的仿古“渔村特色一条街”等旅游基础设施进行了完善建设。但是，由于村内地形变化大，街巷空间狭小、道路崎岖，道路路面质量较差等原因，停车难，特别是旅游季的停车成为其突出的问题；同时，生活垃圾不能及时清运，也影响着“美丽乡村”的环境卫生。

### 三、道教腹地，“仙气”萦绕的文化村落

崂山民间故事具有世俗文化与山海文化交汇相融的特征，并在世俗文化与宗教文化的相互融合中不断发展，地域特色鲜明，具有较高的历史、文学价值。据《青山村志》记载，位于崂山头北靠近山根，在山头后顺山根伸展出一石碴，碴上有一平处，历代相传名为晒钱石。相传每隔几年，东海龙王会在农历六月初六这天把龙宫的金银钱财拿上来晾晒，晒完后把完好无损的钱收回去，剩下那些损坏的全部丢在石头上，让赶海的人捡拾（见图 3.19）。

图 3.19 青山村晒钱石

青山村邻近太清宫、上清宫，道教文化气息浓厚，旅游资源十分丰富。崂山作为道教名山，对周边产生了深远的影响，而太清宫的入口处即为青山村正门，因此青山村融合了浓厚的道教元素，村民普遍信奉道教。

而作为渔村，百年来与海洋的依赖关系，也让青山村形成了海洋信仰。村民信奉正月初十是龙王的生日，正月十二是大海的生日，以实现对龙王崇拜祭祀的隆重性和持续性。每逢正月初十到来时，渔民会先到龙王庙悬挂蟠帐、摆放三牲，烧香、烧纸、扣头、放鞭炮。正月十二到了大海的生日，会继续举行隆重的祭海。海洋禁忌在青山村也普遍存在，如忌讳把筷子横放在碗上、不能把碗、锅倒扣在船上等。

饮食文化也是青山村的一大特色，铁锅大馒头、海水豆腐、原汁原味的干鱼作为青山村的传统美食被人津津乐道。青山村的传统铁锅大馒头、花样面塑，至今已有500余年的历史，独具一格的“手工揉＋铁锅蒸＋崂山水＋传统工艺＋独特配方”的做法，让出锅的面点更加鲜嫩松软、口感甜美。海水点制的豆腐香味重，腥味轻，味道鲜美。村里用野生海鱼晒制干鱼，经海水的冲洗后便进行晒制，不添加一粒味精和食盐，以原汁原味著称，闻名全国。近年来崂山茶文化已然形成，芽粗、叶厚、营养丰富的崂山茶，配合崂山水冲泡，可以解倦、止渴、消毒，具有促进血液循环、清心明目之功效。

## 四、金山银山，绿水青山带笑颜

进入21世纪后，旅游业的蓬勃发展为青山村的发展提供了千载难逢的机遇。在此背景下，青岛市和崂山区对青山村进行了持续的投入与建设。2005年，完善了垃圾收纳设施，建立了文化站；2006年，建设了260亩葡萄园，完善了水利设施；2008年，结合“五化”（亮化、绿化、净化、美化、硬化），改造了门户，完善绿化、清淤河道，打造了“渔村特色一条街”；2010年，拓宽对外道路，在垭口进村处建造了青山标志性石牌坊一处，完善了旅游码头；2018年，编制完成了《青岛市崂山区青山渔村中国传统村落保护与发展规划》（见图3.20）；2020年9月，青山村举行了中国传统村落的挂牌仪式。目前，青山村以彰显渔乡风俗，品位渔村风情为目标，重点发展建设“一街、一线、一码头”。“一街”主要是指开发了青山村办公楼周边的中心街，利用闲置房屋及青山驻军闲置房屋进行改造，建设独具渔村特色的餐饮及旅馆；“一线”主要是指自青山码头至钓鱼台海岸带，欣赏“岩石图画”、鹅卵石海滩试金石湾，晒钱石、八仙墩等；“一码头”主要是指利用码头开展垂钓、游客参与式捕捞及补网等互动体验活动。

图 3.20 青山村河道整治图

## 五、结语

青山村的保护与发展规划为我们描绘了美好的蓝图，600 多年历史的青山具有得天独厚的自然资源与人文资源，前景一片大好。但是，美好的愿景必须以有效的治理为保障。崂山风景名胜区内的青山村，在享有碧海蓝天、青山绿水的同时，其发展也受到极大的制约。严格的管理制度，限制了游客的可达性；生态约束下社区建设受到严格限制；村民发展的诉求与管理诉求的矛盾长期得不到有效解决；集体作用不强、社会资本难以发力，青山村的高质量发展有待提高。青山村的未来应着力于实现景村联合共建、地村携手发展，从而有效发挥青山村的生态与经济价值，实现可持续的发展，真正实现“绿水青山就是金山银山”。

# 第四节
# 省级传统村落——周戈庄

## 村落名片

**名称：**周戈庄

**称号：**山东省级传统村落（2016）、全国“一村一品”示范村镇（2019）、全国乡村特色产业亿元村（2021）

**简介：**周戈庄村位于山东省青岛市即墨区东部50千米处、田横岛省级旅游度假区东北部，坐落于笔架山脚下，东临栲栳湾，依山傍海，风光秀丽。滨海大道从其西北穿过，轨道交通11号线便利了其对外的交通联系。周戈庄村域范围3.05平方千米，农林用地约3670亩，村庄建设用地约750亩，拥有1.3千米海岸线。2016年，周戈庄村被列为第三批山东省级传统村落名单。

## 一、周氏建村，典型的海洋传统村落

周戈庄是典型的海洋传统聚落，依托山海构建质朴的人居环境。周戈庄选址在笔架山山脚下，临海凹湾之处，东临黄海；依山望海，依托西北高东南低的地势顺势而建，南临河道，体现了中国传统的背山面水的选址理念。周戈庄渔民们祖祖辈辈以打鱼为生，遵循着“靠山吃山、靠海吃海”的理念，聚居在大海沿岸的渔民们每天早出晚归，过着靠海生活的忙碌日子。

据《即墨县地名志》载：“明初周姓由云南迁此立村。”后周氏族人由京中做官返乡居住，邻村尊称其为周大哥，“周哥庄”由此得名。刘氏家谱载：“明朝中后期（约 1487~1572 年），刘氏元祖由登州海阳县大山所徙居周哥庄。”后周姓衰，刘姓昌，至清初该村已没有姓周之人，但村名依旧沿用周哥庄。清咸丰十年（1860 年），杨姓由丰城乡泉子头村来此赡养家人，后在此定居繁衍。20 世纪中叶，周哥庄易名周戈庄；村内只有刘、杨二姓，但人数相差悬殊，其中杨姓人数仅占该村总户数的 5 %。

村子初建时，以东西、南北十字街为核心，将村子分为四个组团，以传统的宗族社会、血缘关系形成居住聚落，东西大街向东延伸指向大海。民国时期村庄的范围进一步扩张，由古村为中心圈层外扩蔓延，以向沿海扩张为主，整体仍然是十字主街加巷道的形态，村庄的街巷空间、尺度，院落的形式变化不大。中华人民共和国成立后，人口得以迅速增加，村庄急剧扩张，是村庄建设面积增加最快的时期；村庄沿南北主街扩展，向北绕过山坡，沿山坡东西两侧发展，山坡之上建有小学。改革开放后，村庄继续向外扩展，并且跳出原有的格局，以相对独立的组团形式存在，扩展方向以南北海岸带为主。（见图 3.21）。

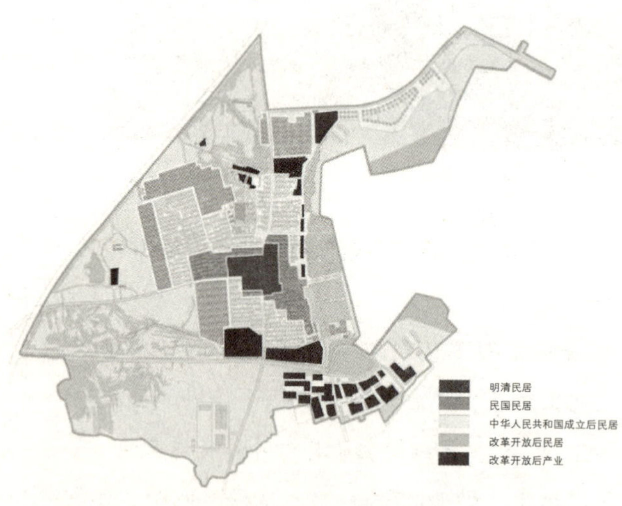


图 3.21 周戈庄村空间扩展时序

周戈庄村域内农林用地占到 80%，建设用地不到 20%。村庄内以居住用地为主，建有小学、幼儿园、卫生所、民俗博物馆等公共服务设施，沿街商业主要沿着东西大街从牌坊一直延伸到祭海广场；广场宽阔宏伟，有 1.6 万平方米，北端坐落着新翻建的龙王庙和妈祖庙；16 米高的大牌坊，近 4000 平方米的祭海文化墙画，10 座祭海主题雕塑，6 个海鲜景观小品，15 组祭海文化长廊围绕广场展开。海岸线的北侧和南侧主要为水产养殖用地。周戈庄现存大量的历史建筑（见图 3.22），最古老的建筑为清代民居建筑，至今已有 100 多年历史，主要为院落式民居，是墙体承重与硬山的结合，通常是三间四榀屋架。其建筑材料为石材、砖、木、土、草，大多是就地取材；墙体以石砌、砖砌、夯土、砖包土等多种形式为主，建筑屋顶材料类型最早可以追溯到胶东沿海特有的海草房、传统小瓦屋顶、板瓦屋顶，檐口的形式多样，有木檐口、石檐口等，瓦片和青砖上的雕花样式多样，体现了传统的砌筑工艺和雕花艺术之精湛。村内现存的清民居古建筑院落，因一直保持居住功能而保存完好，有极高的历史价值。传统街巷 1~2.5 米宽，曲线与折线相互结合，皆由石头堆砌而成。能工巧匠可以将不规则的石头打磨镶嵌，并用糯米砌合成为一面严丝合缝的墙。现在的周戈庄已经将传统建筑集中分布的、历史风貌保存较好的区域定为核心保护区。

图 3.22　周戈庄的历史建筑及街巷

## 二、渔农海娱，现代渔村的文旅展演

自先民定居于周戈庄，就一边务农一边打鱼。周戈庄发展为典型的渔村，很大部分原因是耕地资源较为贫瘠，农产品特色不足，因此将渔业逐步发展为主业。明清时期，周边渔民多使用木筏圆网捕鱼，木筏浮力和稳定性有限，因此只能在村子附近海域打鱼，捕捞范围不超过百里。渔民仅依靠打鱼很难维持生计，务农、打鱼和捡拾海货成为其主要生产方式。慢慢地，渔民为了增强海上作业效率，结伙而行，出现船帮。民国时期，渔民自发组织的渔会的出现推动渔业走向集体性，渔民开始使用帆船，可以去更远的地方进行捕捞。中华人民共和国成立后，渔民仍保持个人作业传统，1955 年开始实行合作化。随着改革开放，村民们开始回归个体农耕和打鱼。从 1985 年到 2000 年前后，周戈庄村海洋捕捞业曾盛极一时，村民们也盖起即墨最早的二层民居。但随着渔业资源的日渐枯竭，农业农村部于1999年开始施行海洋捕捞年产量零增长政策，加上较长的休渔期，周戈庄村近海捕捞业逐渐难以为继，不少村民弃船上岸转向水产养殖业。2004年，村里组织260余户养殖户成立了三平岛海参养殖合作社，带头发展海参育苗产业，使周戈庄逐渐成为全国最大的海参育苗行业产业集群所在地。“周戈庄海参”被评为山东省著名商标。村里75%的农户从事海参养殖业，全村现有海参育苗大棚603个，海参苗的供应量占到山东省的1/3、全国的1/7。每年海参苗出苗期，全国各地的客商都来这里采购。

靠海而生的周戈庄人们为寻求精神依托，每年谷雨前后初次出海前都要拜龙王、祭海，祈求保佑出海平安，满载而归。1996年，周戈庄村村委会统一组织祭海活动，将每年的3月18日定为统一祭海日，并逐渐成周戈庄村的一个独特节日——“上网节”。2003年，田横镇及周戈庄村党委政府以敏锐的眼光，发现了“上网节”所具有的民俗文化价值。2004年，在“既挖掘、保留浓郁地方传统民俗，又注重丰富创新”的原则下，第一届祭海民俗文化节拉开帷幕，使祭海从信仰祭祀成了文旅驱动的节庆展演。在周戈庄村的东西大街尽头，面朝大海修建了气势磅礴的祭海广场，将北方的龙王庙和南方的妈祖庙并立修建，祭海典礼、船老大请财神、出海仪式、民俗表演、产品交易等在周戈庄盛大展演，以文化资源驱动了村庄的发展。在十余年的节庆运作中，“田横祭海”文化品牌深入人心。2019年祭海节3天时间共吸引中外游客30余万人，文旅融合、经旅融合、时尚娱乐三大板块协同发力，将祭海节推向了高潮，受到了新华社、中央电视台等多家媒体的报道。村庄全年接待游客50余万次，村民人均增收20%以上（见图3.23）。

图3.23　周戈庄2019中国田横祭海节盛况

### 三、海洋信仰，尊仪重典的社会生活

周戈庄村民长年保持着祭拜龙王的传统，并以龙王为首，同时祭拜各路与风调雨顺、渔获丰收有关的神灵。因此，龙王庙既是日常供奉祭拜的场所，也是渔民出海之前必须前往的祭拜之地。另一个比较重要的祭祀活动就是“上网”祭海，最初

在每年初次出海前，渔民择良日，将网抬上修葺一新、插满彩旗的船只，随着一路鞭炮锣鼓送入海水停泊，并向海里抛洒食物、许愿敬拜。“上网”祭海逐步演化成具有一定程序和标准的仪式，列船、整饰龙王庙为前奏，祭海仪式开始，摆供、祭奠、唱戏和渔船聚餐成为其固定性活动，而以恭请主神龙王为祭典的最重要环节（见图 3.24）。祭海后的第二天渔民出海，开始一年的渔业生产。即使在“文革”期间，周戈庄的龙王庙也被村民保留了下来，虽然上香受到限制、“上网”祭海仪式简化，但是海洋信仰一直得以传承。在 20 世纪 80 年代末，在村委的组织下，“上网节”恢复生机，并逐步演化为“田横祭海节”。

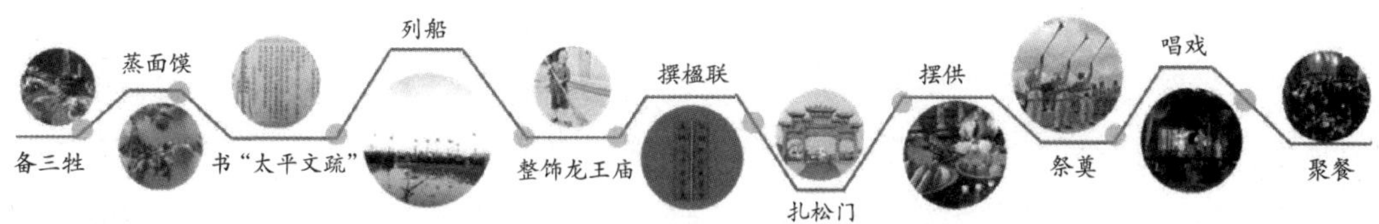


图 3.24 周戈庄祭海流程图

周戈庄渔民不仅信奉龙王，也信奉妈祖。随着丁字湾的航运兴盛，南方商人将妈祖信仰从福建带入胶东地区。妈祖点灯引航护佑渔民的故事广为流传，村民也会祭拜妈祖。但是，建庙供奉是在 2004 年周戈庄村的田横祭海节上才开始的。青岛市天后宫组织人员携带供奉妈祖像的神龛来到周戈庄村，以隆重的请神仪式迎来妈祖，并很快完成了天后庙的修建，将龙王庙和妈祖庙并立在祭海广场北端，南、北海神并驾齐驱接受村民的供奉与祭拜。

近年来，随着周戈庄村民从出海捕捞转向水产养殖，海洋风险逐步降低；海洋信仰从人神交流的神秘性走向文化展演的仪式性，民俗资源化、信仰娱乐化倾向在周戈庄已萌芽。

### 四、集体力量，党建引领下的全面发展

周戈庄村村民以刘氏一族为主流，占 95% 左右，客观上形成了以血缘为纽带的社会关系。几百年来，海洋渔业的职业特征塑造了村民团结协作的精神，因此周戈庄村民的集体意识非常强。从“上网节”的发展就可以看出村委在村集体中的积极作用和村民的集体力量。在后来连续的祭祀活动中，更加促进了村民的彼此交流和社会关系的强化。

相对于雄崖所与凤凰村，周戈庄强大的集体力量优势非常明显。首先，体现在村庄经济发展上，在 20 世纪末海洋捕捞走向没落时，村委就带领村民积极转型。一方面发展养殖合作社，组织三分之一农户走上了水产养殖的转型之路；另一方面发

展文旅产业，以祭海节驱动多元业态，在政府和社会资本的介入下，村容村貌得到较大改善，民俗、特色饭店发展迅速。其次，体现在海洋文化传播上，田横历史典故和周戈庄“上网节”的完美结合，已然成为周戈庄对外宣传的文化标志，人们的口口相传、媒体的报道，吸引了海内外广泛的聚焦与关注，对我国的海洋文化交流做出了巨大贡献。再次，周戈庄的村委不仅成立了祭海文旅党支部，还与时俱进成立了电商文旅党支部，借助第三方平台，深化线上营销、线下体验，推动发展了“旅游 + 电商 + 节庆 + 共享”模式，涵养文化旅游新业态。

## 五、结语

作为省级传统村落，周戈庄的产业发展具有耀眼的光环，在强有力的集体组织带动下，百年村落的历史资源、海洋信仰的文化资源、近海养殖的渔业资源等不断转化为发展的动力，使其始终走在时代的前列。但是也必须看到，与渔业相关的第二、三产业发展仍滞后，加工、流通环节薄弱，市场竞争力低。在盲目扩张态势下，周戈庄建设了大量的养殖产业用房和围海养殖池，一方面影响了周戈庄的滨海景观和生态环境；另一方面，由于近年来养殖行业不景气，有大量的闲置养殖场亟待整治与再利用。发展乡村旅游产业是当今传统村落复兴与发展中采取的较为普遍的方式，周戈庄传统村落既拥有传统文化资源，又兼具丰富的自然资源，其保护与发展的模式也有待更多的探索。

# 第四章 | 青岛的海洋特色渔村

海洋渔村是指地处沿海地区，以海洋资源为其主要生存资源的自然村落，是青岛乡村中最具特色的一类乡村。青岛的海洋特色渔村在快速城镇化进程中，正经历着快速的变迁、转型，甚至消亡。作为我国优秀传统文化中重要的组成部分，海洋文化及其社会生活亟待整理和记录。本书将青岛的海洋特色渔村按照海陆形态关系分为三类：一般渔村，如王家台后村；半岛渔村，如港东村；海岛渔村，如灵山岛村。从海洋特色渔村的人文景观入手，透视海洋聚落的社会秩序和经济发展。

# 第一节
# 海洋特色渔村——王家台后村

## 村落名片

**名称：** 王家台后村

**称号：** 山东省十大“美丽乡村”（2017）、中国美丽休闲乡村（2019）、全国乡村治理示范村（2019）、全国文明村（2020）、山东省乡村旅游重点村（2022）

**简介：** 王家台后村位于青岛西海岸新区西南沿海，距青岛西站 20 千米，距青岛胶东国际机场 70 千米；青岛轨道交通 13 号线、滨海大道（G228 国道）、312 省道等穿村而过。其东临海水浴场，南靠千古名胜琅琊台，地理位置优越。因位于琅琊台北面，故名王家后台村。村内地形半岭半洼，村域面积 2.33 平方千米，海岸线长 2.7 千米，耕地 445 亩，山林地 2634 亩，建设用地 150 亩。王家台后村自然环境优美、海洋资源丰富、文化底蕴深厚，有着独特的山海资源优势和文化底蕴。

## 一、龙湾之滨，渔村绕水田

王家台后村属于琅琊镇，地处海滨，属温带季风气候，年均气温常保持在 13℃上下，降水 820 毫米左右，有长达 195 天左右的无霜期，适宜旅游。其属地早在西周初期，姜太公封齐时做八神，将四时主神立于琅琊山上，夯土筑台，琅琊台遂成为季节之神的供奉地。春秋战国时代为琅琊邑治所，属军事重镇，琅琊港是当时最负盛名的五大港口之一。秦始皇、汉武帝等众多帝王，多次登临琅琊台祭祀四时主神，祈求风调雨顺、国泰民安；其遗址三面临海，海拔 183 米，呈船状起伏于众山之上。唐宋时期，琅琊台是官方的观象台，琅琊港为山东与高丽通商的重要港口。元代“海运漕粮至琅琊以供京都”，琅琊港为南北水运“皇粮”的重要枢纽。明代，颜悦道在琅琊台修建观天象设施——礼日亭；因海上倭寇的抢掠，在此地设立兵寨，隶属灵山卫，而后因航船稀少，渐渐成为民间通商的小港口。1734 年裁撤灵山卫，琅琊镇域划归诸城。20 世纪 40 年代末，四时主神祠被毁。20 世纪 50 年代，礼日亭被拆。1956 年，由藏马县并入黄岛区后仍称琅琊区。1982 年，国务院将琅琊台列入第一批国家重点风景名胜区。1986 年设立琅琊镇。1992 年山东省人民政府公布琅琊台为第二批省级重点文物保护单位。2010 年，文化和旅游部评定琅琊台为 4A 级景区。2013 年，琅琊台被认定为全国重点文物保护单位。

也许是慕名琅琊千古盛誉，清初王姓从江苏海州居家来到琅琊台山脚下，选择在东临龙湾、南依琅琊台的半洼地安家立村。因为王氏迁居琅琊较晚，因此在村庄选址上未能满足“高毋近阜而水用足，下毋近水而沟防省”的原则，因此留有一定的安全隐患。

王家台后村犹如唐代卢纶笔下的“渔村绕水田，澹澹隔晴烟”的渔村美景。从王氏建村伊始，王家台后村就以农耕和打鱼为生，沿海的农田有限，因此出海打鱼成为村民的主要谋生方式。村中的房子主要是石头和泥草搭建，村里甚至没有一条正式的道路，而且百年来，因为离海比较近，经常受海水侵袭，村中生活比较困苦。随着技术的进步，捕鱼工具的进步，木船逐步发展为机械动力船，村民可以去远洋打鱼，生活得以改善。但是在有限的耕地下，海上作业风险大，收入不稳定，导致王家台后村一直发展缓慢、规模不大。

## 二、穷则思变，从海洋渔业转型谋发展

改革开放后，随着耕地和打鱼工具的包产到户，村民的积极性得到提高，但是海洋捕捞的风险依然很大。困苦的生活迫使村民们通过改变谋求发展，20 世纪 80 年

图 4.1　龙湾水产养殖大棚

代末，村里率先开始探索水产养殖。村民凭借东临龙湾，拥有 2.7 千米海岸线的优势，乘着国家政策的东风，率先开展了水产养殖产业，一座座养殖大棚铺满海岸线（见图 4. 1），养起了扇贝、海参、鲍鱼等海产品。相较于传统农耕和海洋捕捞，水产养殖的收入要高出很多，村民的生活开始变好。于是，村民纷纷开始盖起了瓦屋，王家台后村的一层平房主要是在这个时候建成的，院落排列整齐，村落整体形态规整。

20 世纪 90 年代，王家台后村进入快速发展时期，水产养殖给村民们带来丰厚收益的同时，也给对海有着深深眷恋的渔民们带来了困惑。养殖过程中，为了更好地控制病害，大量使用各类药物，残余药物流入大海，近海水生态环境被破坏，影响了海洋捕捞和海洋生态环境。同时，在市场经济带动下，旅游业、餐饮业开始有了发展，特别是 1993 年开始的琅琊台风景名胜区开发建设为王家台后村的发展提供了良好的机遇。20 世纪 90 年代末，随着滨海大道的开通，王家台后村的环境和区位优势开始凸显，村里有些居民开始在自己的小平房里办起了渔家宴，探索新的发展路径。经过几年的发展，在王家台后村东部沿海区域形成了海鲜小吃一条街，但也出现了诸多的问题，如村民大多无序经营导致环境卫生差、服务档次低，与优美的自然环境极不相称。这一时期，村民人均收入在 1 万元左右，村民更愿意进城务工，而不是留在村里。

在水产养殖遇到困境的时候，王家台后村村委意识到，依托琅琊台风景名胜区和美丽的龙湾资源，发展旅游业是可持续的富民增收之路。于是，村里确定了以村庄建设升级带动产业发展转型。进入 21 世纪初，黄岛区修建的龙湾海堤为王家台后村的安全生活奠定了基础，也为沿海发展旅游提供了保障。经过沟通，在规划管理部门的支持下，村民在自家宅基地上按照统一规划翻建楼房，以改善经营条件，适应旅游市场的发展。在实际工作中，为了说服村民主动进行改造升级，村委先后组织大家赴外考察学习、开阔视野；协调金融部门为每户提供最多不超过 20 万元的贴息贷款；党员干部挨家挨户做工作。2008 年，王家台后村建起了第一批 8 处楼房开展渔家宴产业，这些业户当年就实现户均收入 5 万多元，超过平房收入的两倍多。当村民看到楼房生意比平房生意火爆时，思想观念发生了转变，沿街户纷纷申请翻建楼房，渔家宴产业进入了发展的快车道（见图 4.2）。

图 4.2　王家台后村全景

## 三、琅琊古风，秦汉雅韵的“美丽乡村”

在很多渔村还沉浸在水产养殖致富喜悦的时候，王家台后村已经形成了水产养殖和滨海旅游两大支柱产业。2016 年，青岛在全国率先启动“蓝色海湾”整治行动，琅琊镇这个以传统渔业为支柱产业的乡镇不得不进行艰难的抉择。为了生态文明建设、还海岸线自然风貌和历史文脉，琅琊镇对 137 千米海岸线进行了整治工作，开展了“拆违建、清岸线、调项目、修慢道、植绿化、保文化”6 大任务。为期 3 年的 5 次海湾整治，虽然让王家台后村水产养殖受到了较大的影响，但是整治后的龙湾也为滨海旅游发展带来了更好的机遇。王家台后村顺势而为，成立了青岛龙湾渔家旅游专业合作社，对渔家宴业户实行星级管理，定期邀请职能部门进行业务指导，并与琅琊台风景名胜区统一营销推介，逐步形成了以传统渔家风情为特色的旅游产业，顺利实现了传统渔村的发展转型。

近年来，深受滨海渔村文化的浸润与影响，王家台后村进入内涵式发展阶段，景区建设、“美丽乡村”建设和乡村振兴为其起飞增添了“羽翼”。作为琅琊台风景名胜区的一部分，王家台后村南接琅琊台景区入口，景区北门大型环保停车场和秦风宫殿游客中心与村居融为一体，形成了秦汉雅韵的特色风貌街区，同时还建设了步行街、游客服务中心、龙湾公园、瞭望塔、星级公共厕所等配套服务设施。2016 年，总投资 2 亿元的龙湾温泉度假酒店在该村建成，彻底解决了琅琊台景区旅游“冬冷夏热”的传统格局。2017 年，结合“美丽乡村”建设，王家台后村投资 3200 万元实施了道路铺装、步行街打造、外立面美化等工程，实现了雨污分流、模块化污水处理、弱电入地，村容村貌和人居环境得到极大改善。现如今，步入王家台后村，就能感受到诗一般的美丽，世外桃源般的魅力：笔直宽敞的硬化道路、排列有序的花箱、整洁干净的渔家楼房、美不胜收的海滨风光，处处彰显着“美丽乡村”的美好与活力。

在村庄环境品质不断提升的同时，王家台后村的渔村符号也在持续深化。村民依旧保留着近海、远洋捕捞的习惯，不仅可以为渔家宴增添新鲜食材，也传承着渔家文化，并且将渔家文化与琅琊千年祈福文化相结合。每年，琅琊镇在村内龙湾举办“龙湾嗨海季”海洋文旅节会，十万人祈福，千人共飨青岛第一渔家长桌宴！以渔家美食、琅琊历史、时尚音乐、休闲旅游为载体，将龙湾打造成青岛西海岸夏季时尚海洋文旅新地标，也将王家台后村推向了发展的新里程（见图 4.3）。

图 4.3　2019 年龙湾嗨海季第一渔家长桌宴

2019 年，王家台后村共有 110 户渔家宴，占总户数的 50% 以上，接待游客 30 余万人次，旅游业总收入 2200 多万元，渔家宴户均收入 15 万元以上。同时，王家台后村总收入增速保持在 5% 左右，是 2004 年的 2.5 倍（见表 4.1）。

表 4.1 王家台后村总收入变化

| 年份 | 2004 | 2005 | 2006 | 2007 | 2008 | 2009 | 2010 | 2011 | 2012 | 2013 | 2014 | 2015 | 2016 | 2017 | 2018 | 2019 |
|---|---|---|---|---|---|---|---|---|---|---|---|---|---|---|---|---|
| 总收入（万元） | 910 | 983 | 1054 | 1123 | 1191 | 1275 | 1358 | 1435 | 1530 | 1629 | 1737 | 1830 | 1935 | 2048 | 2190 | 2284 |
| 增速（%） |  | 8.02 | 7.22 | 6.55 | 6.06 | 7.05 | 6.51 | 5.67 | 6.62 | 6.47 | 6.63 | 5.35 | 5.74 | 5.84 | 6.93 | 4.29 |

## 四、结语

2020 年，王家台后村与专业拍摄制作团队签订了拍摄协议，积极培育“本土网红”，打造“琅琊海故事”抖音号，王家台后村电商之路已然开启。一方面，可以进行王家台后村的品牌宣传和本土商品的销售等；另一方面，以此推进村庄融合治理工作，构建“共建共治共享”的治理格局。位于王家台后村靠海一侧的龙湾海岸带保护修复工程也开始施工，财政投资 3.58 亿元，对龙湾沿线植被进行修复，对现状荒草地、斑块化裸土区域进行植被修复。随着旅游软、硬件资源的提升，王家台后村的发展将会越来越好。

# 第二节
# 海洋半岛渔村——港东村

## 村落名片

**名称：**港东村

**称号：**山东省旅游特色村、“舌尖上的中国（第三季）”拍摄地、青岛市渔业强村（2009）

**简介：**港东村地处崂山北麓，王哥庄东部，一面靠山，三面环海，与仰口游览区隔海相望，因地处文武港以东而得名。村域占地2.7平方千米，海岸线6千米，农林用地约2000亩，村庄建设用地420亩，还拥有1275亩的岛屿。港东渔码头拥有近600年历史，是崂山区第二大渔港，盛产小海鲜。每年开海之时，近百条渔船满载丰收的喜悦鱼贯而归，螃蟹、八带、虾虎、鲳鱼、虾等各类海鲜丰收上岸；码头上人头攒动，人们竞相赶到港东渔码头观看开海第一船满载而归的景象。

## 一、三面环海，历史悠久的半岛渔村

港东村地处崂山北麓，距离王格庄镇约 2 千米，距离崂山区约 25.5 千米，距离青岛市区 34.3 千米，是崂山风景名胜区仰口入口的必经之地。因位于温带季风性气候区，春夏以东南风为主，秋冬多西北风。港东村是典型的半岛渔村，自然资源丰富，半岛外围有兔子岛、马儿岛、狮子岛等 5 座岛屿，还有广阔的海岸线和丰富的滩涂资源。晓望河从村西流入大海，村内地势东高西低、南高北低，有 4 处山头，南邻海拔 125.8 米的峰山，缓缓延伸至北侧文武港，形成山海相依的优美渔村景观（见图 4.4）。港东村周边山体植被贫瘠，以黑松为主，局部岩石裸露，山脚缓坡带多被开垦为茶园。港东村地处崂山风景名胜区的影响范围内，坐拥崂山的天时地利，为崂山湾国际健康生态城的重要组成部分，是天然的养生度假地。

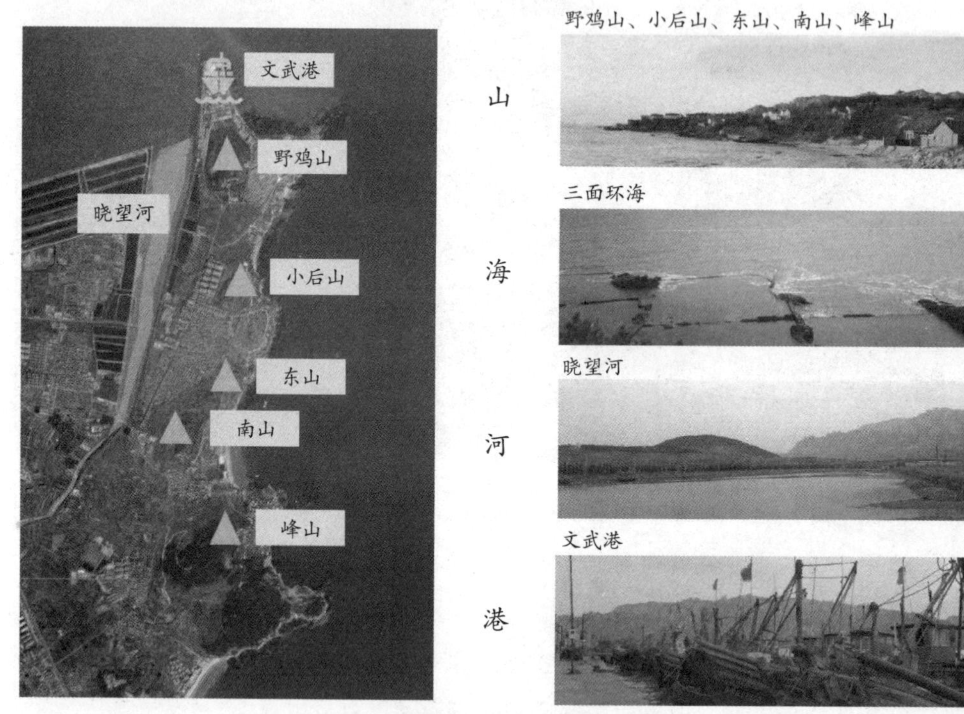


图 4.4　港东村的山水格局示意图

明朝永乐年间，刘氏族二世祖兄弟二人从山西迁到文武港西岸“后滩村”，明朝弘治年间六世祖兄弟二人从“后滩村”迁到“高家园”定居；清代，随着刘氏族人口增多、势力壮大，高、刘两族为争地盘经常发生争斗，在纷争中高氏族败诉，不得不迁往他乡，刘氏接管“高家园”，更名为港东村。随着人口的流动与集聚，张、王等姓氏进入村内，以刘姓为中心，张姓、王姓分两翼，呈现家族聚居状；时至今日，村内 90% 村民为刘姓。在抗日战争和解放战争中，村民展开抗日救国活动，村中设有党小组，村中渔船跟随解放军南下，支援作战。中华人民共和国成立前，受战乱、瘟疫、饥荒等影响，港东村人口发展缓慢，全村共 235 户，1328 人。

中华人民共和国成立后，港东村渔业在崂山区渔业发展中占据了重要地位。20 世纪 60 年代围海造田，兴修水利，修建了从石湾桥至文武港的拦海大坝，围海造田 300 余亩；在村内山下修平塘，实现了三级提水，可浇地 600 余亩。1966 年，港东村被评为山东省农业学大寨先进单位。1973 年，柬埔寨首相宾努亲王曾来此参观访问，人民日报、新华社向全国报道了港东村围海造田的先进事迹（见图 4.5）。20 世纪 70 年代，港东率先进行刺参人工养殖。20 世纪 80～90 年代，港东村开始发展造船厂、橡胶、冷藏等二、三产业，同时大力发展水产养殖，并翻建港东小学等配套设施。进入 21 世纪后，村里开始进行民居更新，多次集体建房；同时，社会资本进入港东村，开发了休闲度假、国际会议中心等高端旅游项目。港东村的民俗活动、渔家宴也开始蓬勃发展，结合自身的传统文化及文武码头，推出了四月初八妈祖文化节，以此吸引游客发展旅游经济，为乡村振兴注入了新的活力。

图 4.5 柬埔寨宾奴亲王参观港东村

## 二、产业变迁，步履维艰的城郊渔村

港东村现有居民 1056 户，共 3200 人，庞大的村庄规模与其辉煌的历史分不开。现有村民人口的年龄构成中，50 岁以下人口仅占 43%，70 岁以上老年人占了 24%，可以看出老龄化非常严重。港东村常住人口 2750 人，流入人口 450 人，占总人口 14.1%，村内存在一定的空心化现象。进入 21 世纪后，港东村的人口规模基本维持稳定，变幅不大。

背山面海、天然良港，淡水资源丰富，这些有利的自然环境为港东村的发展奠定了基础。港东村的港口原称“温稳港”，成形于明朝；因其自然地理气候特殊，东风、西北风等风不犯，西侧晓望河通而不淤；旧时台风来袭，曾庇佑1000多艘渔船，得名“温稳”，后改为文武港。中华人民共和国成立后，进行了港口修建；随着港东村的发展壮大，1986年进行了港口扩建；2008年也进行了港口改造。百年来，港东村依托港口形成了半渔半农的产业格局，中华人民共和国成立后产业逐步多元化。

渔农结合阶段（建村~1955年）。1955年前，港东村是典型的渔农结合的村庄。全村有大小船只81条，参与渔业生产的渔民300多人，主要在春天渔汛期间出海捕鱼，生产时间仅有40多天。大部分渔民春天辍海之后，操起农具干农活，主要种植地瓜、玉米、小麦等作物，形成了“吃饭靠种地、花钱靠捕鱼”的特点。

渔主农辅、工业起步阶段（1956~1978年）。1956年，港东村成立文武港高级渔业合作社，渔业生产走上了集体化道路，渔业迅猛发展，成为崂山区渔业战线上的一面旗帜。20世纪60年代开始，村集体一方面利用围海造田增加耕种面积，另一方面积极尝试海带养殖，到1973年海带养殖面积达到500亩。在青岛黄海水产研究所科技人员的指导下，港东村积极尝试海参养殖，并取得了较大成功。不仅如此，港东村还集体集资建造了造船厂、机床厂等。

产业多样化阶段（1979~2000年）。改革开放后，作为城郊村的港东村，区位优势凸显。因临近王哥庄街道，港东村在城市辐射带动下更为开放，港东村与周边村庄共享王哥庄的基础设施、市场资源，集体产业蓬勃发展。在渔业资源的带动下，水产养殖、冷藏、加工形成产业链；还发展了造船、橡胶、塑料等产业。1996年，随着企业的陆续改制，村民们看好海水养殖，开始了沿着海岸线填海围池大规模养殖鲍鱼。

缓慢发展阶段（2001年～现在）。进入21世纪后，青岛城市发展进入转型期。2005年为迎接奥运会，对前海一线10余千米海岸线近海海域的养殖池进行了拆除清理，港东村的近海养殖也因此受到限制。在旅游业快速发展的时期，由于港东村偏离主要旅游线路，加之沿海养殖池对村庄景观环境破坏较大，影响了滨海旅游业的发展，村庄转型发展受限。同时，村内的年轻人更多地选择进城工作，便利的交通可以使他们“工作进城，生活在村”，人才的流失让村庄发展缺少了创新驱动。因此，港东村进入了缓慢发展期，村中闲置厂房较多，厂房老旧；第二产业从业人数仅有200人左右，主要集中在村北部码头、村委会东侧；第三产业主要为民宿、渔家宴等，在村东部沿海分布，从业人数100人左右。近年来，港东村拥有的渔船数在增加，相较于2012年的73条，已经发展到200多条，专业渔民800余人。

港东村秉承着“男渔女茶” 的协作方式，以家庭为单位进行协作生产，村内老人主要从事粮食作物的种植，中年男性主要从事出海捕鱼、养殖，中年女性从事茶叶种植，青年主要外出工作或部分在村内企业就业。

### 三、时代印记，多元拼贴的人居环境

港东村的村庄布局如同其产业发展一样具有时代的烙印。半岛狭长如“靴子”插入海中，一条主路从腹地延伸进入村中部，村居用地主要位于山腰部，南北两侧为山地和耕地，在海的尽头西侧为文武港、东侧为占地300亩的海尔培训国际中心。东部海岸线主要为废弃的鲍鱼池和少量的渔家宴场所，岸线缺乏活力。中心公共服务设施集中位于村委会办公楼一带，包括幼儿园、卫生所、老年人活动中心、室外活动场地3个以及妈祖庙等。

港东村村居分布呈现“大集中、小分散”的格局，按照建成年代可以分为6个片区，具有鲜明的时代印记。中心沟东侧片区，许多住宅建造年代较久远，民居有百年历史；南北两侧片区，村居建设量最大；东、南片区，新增住户主要在此进行新建；村北侧两层洋房区，为21世纪初新建；6层楼房区，为2006年新建，用于安置年轻村民；西侧沿路住宅区，建于2010年，并于2015年进行统一的外观整治（见图4.6）。港东村传统民居与我国沿海传统民居有许多类似之处：院落围合，一般都是四间房，占地面积150平方米左右，墙面的石头为就地取材，直坡屋顶防风易排

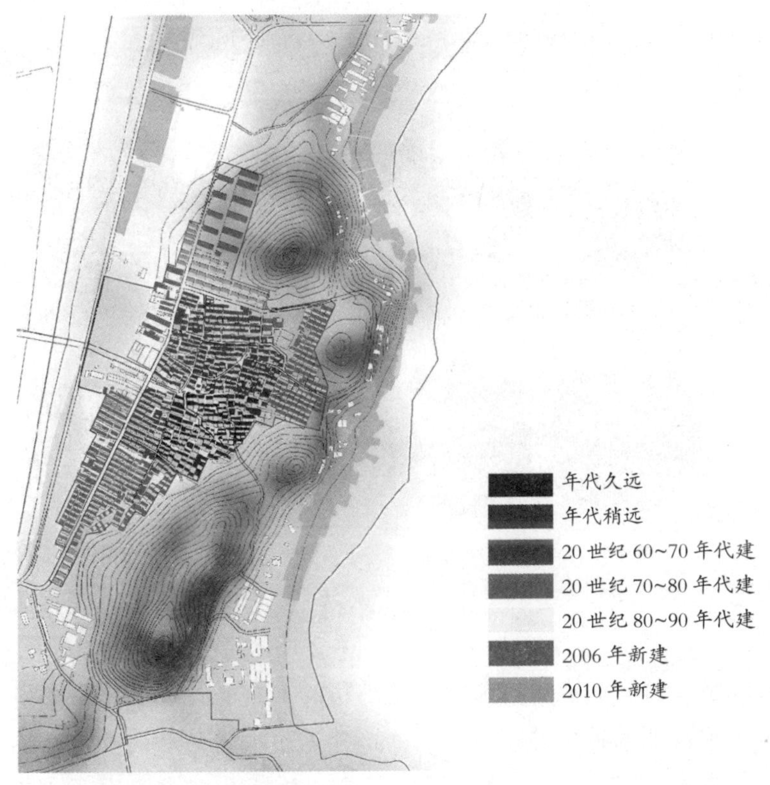


图4.6 港东村村居建成年代

水，建筑材料由于技术的更新也在陆续进行改变；居民由于生产生活需要，巧妙运用天井以及厢房顶部空间进行活动；内部空间采用围合式院落布局，房屋间排列紧密，起到了防风防潮的效果。

## 四、遗迹丰富，海神护佑的社会文化

港东村是一个浸润了600多年人文滋养的渔村，历史文化资源众多，具有丰富的文化价值（见图4.7）。其物质文化资源包括文武港码头、妈祖庙、渔家宴特色街等文化空间，另外还有提水旧址、三官庙、石湾桥旧址、宾奴亲王观景台、野鸡山防空坑道等历史遗迹。作为典型的海洋渔村，港东村原来拥有多座庙宇，展现着村民丰富的精神信仰世界，其中妈祖庙始建于清乾隆四十四年（1780年）；然而随着时代的变迁和村民生活的变化，大都已经泯灭在历史的长河中，仅剩下妈祖庙位于文武港附近，每年的正月初一清晨，村民纷纷涌往妈祖庙烧香纸、放鞭炮、祭奠祈福；农历四月初八是妈祖祭典、逢庙会的日子，村民上香献礼、诵经祈福，将最虔诚的心愿寄托于妈祖，祈求新的一年风调雨顺。2017年，港东村举办了首届妈祖文化节，依托妈祖文化平台，传承弘扬妈祖文化。另外一处重要的历史建筑是刘氏族祠堂，也是村内唯一的祠堂；随着社会环境变迁，祠堂的功能不断变化，直至如今已不具备最初的祭祖功能，但整体的建筑院落保存较为完好。

图4.7　港东村的历史文化资源

港东村悠久的渔业历史，也创建了独特的海鲜生产工艺，生产出了甜晒鱼、一卤鲜鲅鱼等独具港东特色的干海产品，这些通过大自然和时间造就的美味，被人们誉为“六百年前的原汁原味”。

## 五、结语

百年渔村港东村，自然资源丰富、历史文化内涵深厚，曾经有过辉煌的历史；在 21 世纪发展转型中也面对着众多新的挑战，主要有渔业产业优势逐渐走低，水产养殖、加工和特色甜晒工艺没有实现产业化和品牌化；环境资源生态价值被忽视，村中 6 千米海岸线尚未进行生态修复，乡村景观品质较低，无法实现滨海景观资源化；海洋文化、妈祖信仰、对外交流、家族典故、红色故事等独具港东村特色的历史文化价值还需亟待挖掘。

古往今来，在这片港东村人深深挚爱的土地上，他们用自己勤劳的双手不断地改变着自己的生活方式，大海是他们世世代代的财富；他们曾打破贫穷，战胜饥饿，创造出了属于港东村的产业发展路径。

# 第三节
# 海岛特色渔村——灵山岛

## 村落名片

**名称**：灵山岛

**称号**：山东省级自然保护区（2002）、全国森林康养基地试点建设单位（2020）、全国首个负碳海岛（2022）

**简介**：灵山岛位于青岛市黄岛区东南方的灵山湾中，属黄海海域，是中国的第三高岛。它距大陆最近点 5.7 海里，面积 7.66 平方千米，海岸线长度约 14 千米，主峰海拔 513.6 米，岛上有 12 个自然村，建设用地 464 亩。《胶澳志》称其为“水灵山岛”，古《胶州志》说它“先日而曙，将雨而云，故名灵山”。从空中俯瞰，灵山岛宛如一块硕大的碧玉浮于海面，青翠欲滴。灵山岛自古就以景色灵秀与超凡脱俗而闻名，作为古代“胶州八景”之一，地方志中记载灵山岛“嵌露刻秀，俨如画屏，屹立于巨浸之上”。灵山岛的林木覆盖率达 70% 以上，岛周围渔业资源丰富，生态环境优良，地质景观独特，山海风光壮丽，是旅游观光、度假休闲、科学探索的好去处。

## 一、灵山浮翠，岩峣苍秀的生态海岛

灵山岛位于青岛市黄岛区东南的黄海之中，属于温带季风气候地区，该区域的总体气候特征为夏热多雨，冬冷干燥。其中，因夏季风力强风速大，且伴随强降水，故海浪较高，多发风暴潮，为灵山岛主要自然灾害之一。

灵山岛距最近的大珠山 9.8 千米，距积米崖 16.6 千米，距青岛 40.7 千米。岛屿呈东北—西南走向，整个海岛呈水滴状。灵山岛的构造属基岩型海岛，在岩岸岸嘴分布有若干子岛，子岛与灵山岛之间具有丰富的海洋渔业资源与自然植被资源。灵山岛南北长 5.1 千米，东西宽 1.4 千米，环岛海岸线长 14.35 千米，总面积 7.66 平方千米（包括子岛牙岛子、洋礁石），南面多陡坡，北面多断崖，东西两面多梯田。灵山岛地势南高北低，主峰歪头顶海拔 513.6 米，耸峙南部；次峰望海楼 470.6 米，雄踞西部；北有象鼻子 287.9 米，三峰拱起成脊，造就了灵山岛复杂的地势。灵山岛上植被丰富，品种繁多，有别于相近的陆地，植被受人类活动影响较小，林木覆盖率达 70% 以上。灵山岛岸线较为平直，海湾较少，仅有东岸沟南崖湾等几处小海湾。

灵山岛内拥有水灵山、虎嘴崖和洋礁石三大风景区，构建了以象鼻山、钓鱼石、背来石、老虎嘴、望海楼等 30 余处景点为重点的环岛海滨观光线路。更为重要的是，灵山岛因其独特的海岛生态系统而被列为山东省级自然保护区。灵山岛东北水域有海洋中非常珍贵的“活化石”——文昌鱼，具有很高的科研价值；岛上峭壁林立、沟壑纵断，6 种地貌类型分明；全岛植物资源品种繁多，生长着朴树、紫荆木、黄杨等珍稀树种；鸟类数目繁多，种类齐全的越冬候鸟在灵山岛停留移徙。

## 二、军民融合，陆岛码头牵引渔村发展

早在春秋战国时期，灵山岛上就已经有人类活动，其历史与周边海域的兴衰存在密切联系。据史书记载，在西汉末年，地震致使琅琊郡城、琅琊港和琅琊台毁坏殆尽，其周边地区也因此衰落。北宋亡国后，今胶州湾和唐岛湾成为金人与南宋开展边境贸易的唯一港口，即进行“互市”活动，灵山岛因此重新回到人们的视线。1161 年，南宋著名将领李宝率水师在灵山岛以西的海域击败了金帝完颜亮，此战成了中国历史上以少胜多的著名海战实例。相传，灵山岛内望海楼遗址即是金国大臣金兀术之妹所居。当初，金人利用沙石筑路拦堤，并在金家口子建造了通往陆地的道路，金家口子村也因此得名，并沿用至今。这些历史事件既丰富了灵山岛的历史与文化背景，也为灵山岛留下了许多故事传说，并增添了灵山岛的魅力。

自元朝开始，海运得到发展。灵山岛以西的灵山航道是南北方粮食运输的主要航道，对该地区经济发展起到了极大的促进作用。不过，历史上的灵山岛一度被倭寇占领，长期动荡不稳定的社会环境使灵山岛的发展几经停滞，正因如此，有关于灵山岛的记载较少。明永乐三年（1405 年），在胶州建立了抵御倭寇、增强海防的卫所，并命名为灵山卫。清代卫所裁撤，居民田庄并入州县，居民也从世袭军户变为农渔业户。自此开始，大批的大陆人迁居至灵山岛，道光年间记载“灵山岛在卫城正南海中，方广四十余里，北至岸四十里，嵌露刻秀，俨于画屏，屹立于世浸之上，草色山光，翠然夺目”。灵山岛在近代又先后被德、日侵略军以及国民党军队占据，解放后归属胶县，成为海防前哨和守备要地。到目前为止，岛上仍有部队驻守。

码头的建设与不断完善，同样记录了灵山岛的发展历程。早期渔民为了方便渔业活动和运输，选择较合适的避风港为码头，码头规模小、散落于岛的周边，停靠船舶的数量也非常有限，其中最大的城口子码头也仅仅可以停靠 10 余只小渔船。元代海运的兴起，带动了灵山岛的航运发展，停靠船只开始增多，促进了城子口村落码头的建设。随着历史的演变和发展，岛上码头口岸仅保留了城口子一处，规模很小、设施简陋并且功能也不齐全。中华人民共和国成立后，开始对码头进行修建。1965 年，中国人民解放军驻岛部队投资 40 万元，部队官兵和居民齐心协力，花费 3 年时间，建成了初具规模的城口子码头，它长约 40 米、宽约 24 米、高约 7.5 米，可以停靠百吨位以下的轮船，并在北侧修建了登海岛的登陆坡。1975 年，中国人民解放军部队又在码头南端增建了登陆坡，规模逐渐扩大，城口子码头的修建极大地改善了灵山岛上居民的生活品质和生产方式。2001 年，青岛市政府对原有码头进行了扩建，使其可停泊中型船舶。灵山岛对外交通主要靠积米崖至灵山岛的快船，直至今日依旧沿用这种交通方式。2013 年以来，灵山岛完成了垃圾集中处理、蓄水涵林、海岸线整治、环岛路贯通、模块化污水处理等重大民生保障工程，这对灵山岛的旅游发展和生态保护都起到了极大的促进作用。2022 年 7 月，灵山岛陆岛交通码头改扩建工程主体施工宣告完成，建设防波堤 256 米，修建透空式（桩基）平台 6350 平方米，辅助建筑 3360 平方米（其中候船棚 2200 平方米），配套浮码头 2 座，形成客船泊位 4 个，为群众、游客的出行提供了保障，也为海岛后续旅游业的发展打下了良好基础（见图 4.8）。

图 4.8　灵山岛陆岛交通码头改扩建工程

## 三、海上画屏，海外渔耕的海岛渔村

海岛地区丰富的渔业资源是海岛聚落形成的必要条件，在灵山岛的形成过程中丰富的渔业资源处于重要的“引擎”位置，对整个海岛的经济文化起着隐性的引领作用。灵山岛作为离岸海岛，与陆地存在阻隔，因此对海洋环境变化相较内陆而言更为敏感。不过，岛上传统村落形态也得益于此保存较好，同时还保存了部分具有一定历史价值的民居建筑。岛上的村落空间形态和修缮的民居建筑随海洋环境的变化而逐渐开始适应新的环境，岛上村落的变化也在一定程度呈现了海岛渔村的空间形态对海洋环境的变化的适应过程。

截至 2020 年，灵山岛人口规模为 2527 人，人口分属 3 个行政村，12 个自然村；城市建设用地现状为 30.93 公顷，人均城市建设用地 125.62 平方米；行政办公用地、商业服务设施用地主要分布在灵山岛码头附近的城口子村，灵山岛学校位于城口子村南侧。灵山岛上经济以渔业为主，旅游为辅。全岛共有滩涂及岩礁池养殖户 37 家，面积 123.5 亩；网箱养殖户 79 家，养箱 1205 个。灵山岛居民收入方式较为单一，随着旅游开发的起步，居民收入水平虽有所提高，但是大多数居民的收入仍然偏低。

**城口子村**　建于明永乐三年（1405 年），云南王氏先祖最早来岛定居。村域东西长 1 千米，南北长 2.2 千米，面积 2.2 平方千米，由城口子村、陈家村和唐泉村三个自然村组成。早年，城口子村的主要收入来源以渔农为主；改革开放后，因码头便利的交通位置，各行各业得以迅猛发展。进入 21 世纪，凭借港口优势，城口子村大力发展旅游服务业，目前已有一百多户村民开展了农家乐（见图 4.9）。2004 年，城口子村开始发展近海捕捞、浅海鱼箱养殖、深海抗风浪网箱养殖等产业。

图 4.9　灵山岛城口子村

**毛家沟村**　据《胶州志》载，其历史最早可追溯到明永乐三年，云南人迁居到岛上。该村是灵山岛所有村落中海岛林木覆盖率最高、生态保护最好的一个村庄。毛家沟村最初由于环境闭塞，生产工具单一落后，村落规模与岛屿西岸的村落相比较小。自改革开放后，毛家沟村村民借助自然条件，利用地势优先发展了苗木种植、果园、茶园等种植业，这些产业也逐渐成了村内的支柱产业。同时，毛家沟村借助其优美的山林风光，在村内开设了渔家宴和旅馆共 20 家左右。

**李家村**　为云南人迁至岛上，是由沙嘴子村、金家口子村、李家村、打渔口子村、东南沟村、南辛庄 6 个自然村庄组成的一个行政村。改革开放以来，李家村优先对渔业产业结构进行了调整，形成了海洋捕捞与养殖业同步发展产业构成。其中，李家村凭借良好的岸线条件，优先发展海产品的滩涂养殖业。经近 20 年的不断发展，已经形成了较大的规模，也吸引了不少外地客户到本村落户搞养殖。同时，该村还相继兴办了工业，发展了建筑业。

灵山岛由贯穿全岛的沿环湾路串联起的 12 个村落组成，聚落平面的主体结构有方格状、鱼骨状、梳子状、树枝状以及环形放射状等。岛上民居的建筑大部分都是坐北朝南，保留着传统的院落形式。随着传统民居建筑功能的转变，建筑功能由原来的纯居住用房增加了餐饮和民宿功能，院落形式也随着建筑有所变化。传统自住式院落被村民用作生产工具存放、圈养牲畜、农渔产品晾晒等，经营式房屋的院落绝大多数会进行封闭，多采用铝塑钢板搭建，西侧村落受旅游因素影响较为严重，东侧民居受影响较少，基本与山海融为一体，保留了良好的自然景观通廊。

灵山岛既是生态岛也是旅游岛，每年约有 12 万游客登岛游玩。随着养殖业、捕捞业、旅游业的逐步兴起，农家宴与民宿成了当地居民竞相开展的产业，诸多投资商也纷纷登岛。全岛目前已建成 165 家特色民宿与两家海洋牧场，生态旅游的集聚效应逐渐体现。岛上居民曾以养殖业和捕捞业创收，此类产业会使海域生态受损、资源衰退，生产方式亟待更新。作为省级自然保护区，灵山岛在发展方式上以生态保护优先，逐步由民宿、渔家乐等为主的旅游产业向聚焦海洋牧场的蓝色产业发展转变。因此，在保护生态、涵养资源的同时，大力发展现代海洋牧场成为灵山岛实施乡村振兴战略的重要一环。

### 四、灵秀宝地，自然崇拜的桃园文化

灵山岛，因自古以来就被认定为海上仙山、灵秀宝地，加之琅琊台（古天文台）的建造，从而在古时候就有多地信众出善款到灵山岛建庙、设坛，进行祭天、祭地、祭海等活动，虔诚供奉“各方神明”。同时，灵山岛上宗族观念比较单薄，宗教意识比较浓郁，并带有浓厚的海洋渔业的痕迹，由于出海的不确定性因素极大，岛民们对信仰有着强烈的需求，因此庙宇的重要性超过了祠堂。

两千多年以前，灵山岛岛民以自然崇拜为主，那时的灵山岛偏居一隅、与世隔绝。隋唐以后，随着国力的富强、泛神崇拜的蔓延，先民在灵山岛上开始建设信仰空间。直至清代的一千多年里，灵山岛上先后建设了 40 多处庙宇，以自然信仰崇拜为主。经历历史的洗礼至今仍保留下来 20 多处，涵盖了道教、佛教、天主教等各个教派的大小庙宇，从海边到村头，从山腰到山头，遍布全岛；但因古时海上运输困难，加之灵山岛地形复杂，所以庙宇建筑规模不大，形制也比较简朴，不过庙宇的教派多、所供奉的各路神仙多，能完全满足人们的“拜神需求”，再加上人们认为可以吸纳灵山岛的灵气，各地的善男信女们纷纷来岛上香敬神，香火曾十分旺盛。

灵山岛的历史遗迹较为丰富，且颇具特色。主要有烽火台、隧道、碉堡等军事遗迹以及鱼骨庙、天主教堂和尼姑庵等废弃庙宇遗址。现今岛上唯一还保存的庙宇是北普陀财神庙，但也不是岛上原有的，而是现代为一个旅游项目新建的，其目的是打造普陀佛教文化三点一线的局面，形成以舟山普陀为轴心的、南北呼应的弘法格局。另外，位于李家村的天主教堂建于 1903 年，是德国侵占青岛以后，在青岛修建天主教堂的同时修建的；20 世纪 80 年代初，村里将教堂的主体建筑起脊的屋顶拆

掉，改成了混凝土平顶。

灵山岛居民至今仍保持着出海之前祭拜龙王、祈求平安的习俗。而春节过后最重要的节日就是海的生日，按照传统，祭海仪式在正月十三的 0 点开始。2010 年“灵山岛的传说”“灵山岛祭海”被黄岛区人民政府公布为黄岛区级非物质文化遗产。

## 五、结语

灵山岛独特的地理区位、海岛自然风光，带来了丰富的旅游发展资源，但对岛内居民的生活带来了一定不便；其教育、医疗设施等不完善；并且，由于灵山岛易受到风暴潮等自然灾害的影响，船舶一旦停航，岛上的蔬菜、水果等生活物资就不能及时供给，需向社会治理专职网格员寻求帮助，这些都客观上造成了海岛居民的流失。在产业发展上，灵山岛致力于打造负碳海岛，对当地农民的生产、生活短期造成了一定影响。在历史文化建筑保护上，岛上建筑大都十分破旧，民居的改造迫在眉睫。对灵山岛的旅游业而言，有限的淡水资源成为其旅游发展的主要瓶颈，且部分旅游资源的开发和利用受到军事基地和边防问题的制约。

# 第五章 | 青岛的美丽示范乡村

山东省青岛市以“美丽乡村”示范村建设为抓手，把农民群众对美好生活的向往作为目标，以生态美、生活美、生产美、服务美、人文美为内核，持续投入，系统建设，走出了一条连片开发、融合发展的社会主义新乡村建设路径。至今，青岛已打造了省市级“美丽乡村”示范村 600 个，有 230 多个村庄获评省级以上荣誉称号，青岛市也因此获评“中国‘美丽乡村’建设新典范地区”称号。

# 第一节
# 平度“美丽乡村”——明村东村

## 村落名片

**名称：**明村东村

**称号：**青岛市巾帼示范村（2008）、青岛“美丽乡村”示范村（2019）

**简介：**明村东村是明村镇驻地村庄之一，地处平度西部，胶莱河东岸，青岛、潍坊两市交界，被誉为“胶东之门”；距平度市中心城区 28 千米，距离青岛市中心城区约 170 千米，距潍莱高速明村出入口 0.5 千米。村域总面积 3960 亩，耕地面积 3300 亩，建设用地 210 亩；现有居民 495 户，1690 人。

## 一、鸣姓始建，两市交界的“胶东之门”

明村镇地处平度市西侧，为青岛、烟台、潍坊三市交界地带，被誉为“胶东之门”和“平度西大门”。明村东村属于明村镇镇驻地，东面是明村西村，北邻辛安南村，南邻南埠村，东临八王埠村，荣威高速、省道603、国道309分别在东西方面而过。明村东村处在北温带的偏东北部，属暖温带半湿润季风区大陆性气候。境内气候四季分明，春季干旱多风、夏季高温多雨、秋季秋高气爽、冬季寒冷干燥。

明朝洪武年间（1368~1398年），鸣姓创建村落。以姓取村名，明代称鸣村，清朝时易名明村。1962年，分明一、明二两个行政村，现设明村东村、明村西村两个村民委员会。农业立村、历经数载的变迁，其整体面貌已经发生了翻天覆地的变化。

## 二、镇驻地村，以行政边界到发展边界

明村镇距平度市中心城区28千米，距离青岛市中心城区约170千米，在青岛的经济圈辐射边界之处。明村镇位于青岛、潍坊两市交界处，远离青岛，受辐射带动作用减弱；靠近潍坊，但因行政区划阻隔，难以受到辐射带动；而周边乡镇经济实力较强，西侧昌邑饮马镇为示范镇，北侧新河镇为青岛市功能组团、平度市副中心城镇，东侧田庄镇为青岛市装配制造业集聚地。明村镇对外交通方式只有公路，没有铁路、水路、航运等其他方式，这在一定程度上限制了城镇发展。明村镇作为平度市的西大门，边界镇村的特征突出，以农业和低附加值三类工业为主，橡胶轮胎、机械铸造、石墨加工产业是该镇的三大支柱产业。2020年来入选全国乡村特色产业十亿元镇、省级农业产业强镇、山东省第三批乡村振兴“十百千”工程示范等，从明村镇的荣誉称号可以看出明村镇的整体产业状况。随着城镇的发展，城镇扩张与耕地保护之间，石墨、橡胶类工业园区的建设与生态环境保护之间的矛盾将会逐渐突出，生态环境保护将是明村未来发展所面临的主要问题之一，必须保证城镇的发展建设建立在环境保护的基础上。

明村东村主要以第一产业为主，第二产业为辅，从事第三产业的村民较少。村庄周边有大型饭店5家、农资经销点4家，大型超市3家，村庄南侧为镇上的橡胶工业园。村庄现状人均收入为1.8万～2.2万/年，村民主要经济收入来自外出打工与农业生产。村庄外出打工人数占村庄总人口数的60%，主要打工目的地在平度市及其他镇。此外，村庄内部从事第二产业的人员，较多集中在村庄南侧的橡胶工业园。明村镇橡胶工业园是平度市重点工业园区之一，园区内分布着30多家橡胶轮胎企业

和配套企业。

明村东村有耕地面积3300亩，用地较为平坦集中。现有的农业产业形式较为单一，以玉米、小麦简单农作物种植为主，葡萄、西瓜、辣椒种植为辅（见图5.1）。明村镇是全国优质西瓜试验示范推广基地、国家西瓜产业技术体系示范基地和山东西瓜产业第一品牌名镇，西瓜种植是明村镇的特色农业。虽然依托明村镇西瓜品牌，但是明村东村的西瓜种植并不多；村中葡萄种植近1000亩，主要品种有丽珠、蛇龙珠、赤霞珠、意斯林等品种，所产葡萄主要销往烟台、青岛和威海。由于市场需求等因素的影响，种植户的收入较不稳定，且收入较低。村庄内部现有养殖业，但规模较小，主要以养羊等为主，因为养殖户数较少，经济效益并不高。

明村东村葡萄园

明村东村玉米种植

图5.1　明村的农业种植

明村东村经济发展水平较低，结构不合理，传统的种植业模式仍占较大比重，优势特色产业的主导地位尚未形成，对农村经济发展拉动力不足。农民收入主要来源于传统种植业和务工收入。

## 三、“美丽乡村”，“输血式”的发展建设

明村东村的建设在用地布局上沿主要道路呈线型延伸；橡胶工业园作为镇产业园，沿309省道布局。明村东村地形东北高西南低，空间布局较为集中紧凑、规整，由国道309（胶东路）向南和西侧分布，东西向沿商贸大街、兴业大街、向阳大街分布，南北向主要沿青年街分布，道路呈方格网状布局。村内道路100%水泥硬化，有特色的传统民居建筑不多，根据建筑的修建年份以及破损程度，将建筑质量分为较好、中等、较差三类（见图5.2）；建筑风格较为杂乱，土砖、红砖、砌块砖、混凝土等类型都存在，建筑材质的多样导致村容村貌整体感较弱。村庄内部的空心化逐步显现，

有少量的破败建筑，有一小部分弃置、半弃置的建筑。村内现有 200 亩建设用地、700 亩农业用地，将用于建设商住小区和农业公园，未来依托旅游业的第三产业将成为该村重要的经济来源。

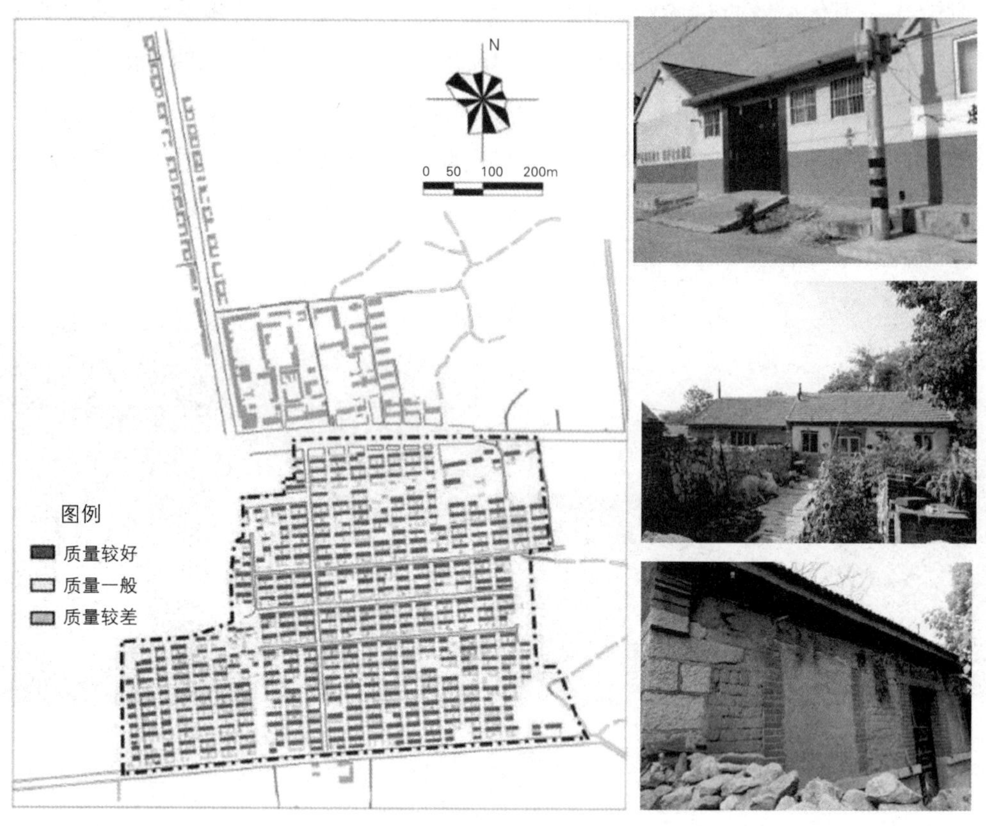


图 5.2 明村东村建筑质量分布

明村东村现有的建设模式主要为“输血式”的外力干预型。以政府公共财政投入为支撑和导向，通过支农资金机制，统筹城乡发展，引导工业反哺农村，城市支持农村。在“美丽乡村”建设的推动下，积极推动乡村的人居环境规划与整治，以基础设施建设为重点，通过治理脏乱差的农村环境，实施道路硬化、路灯亮化、村庄绿化、环境美化等措施，改善居民迫切需要解决的突出问题。在“美丽乡村”建设的带动下，明村东村对道路进行硬化，并配套道路标线；在村内主要街道两侧绿化带栽植樱花、海棠等乔木以及黄杨、龙柏等灌木，配套砖砌花墙；完善排水设施，新建排水沟，完善明沟护砌等。这些措施对农村人居环境的整治与改善具有立竿见影的效果，快速改善了乡村的落后面貌，解决了农民的现实需要。但是相对于“输血式”的村庄生活空间的更新改造，明东村的发展建设与镇驻地的优势地位明显不匹配，村庄的区位资源优势、土地价值优势并没有得到充分发挥。

## 四、遵循传统，市井烟火的社会文化

明村东村重要的节庆活动包括春节、农历二月二与七月七。农历年为民间最隆重的节日，节前择日扫舍；在除夕上午，家家门贴春联、年画，喜迎佳节。二月二俗称“龙抬头”，农家早晨用草木灰画囤梯、打灰囤、撒五谷，预兆粮食满仓；村民在二月二会炒“面棋”“地瓜棋”“蜜豆”吃。到了农历七月七，家家烙面饼，其形状有莲蓬、花篓、狮子、鱼等各种样式，名曰“巧饼”；村民还会生绿豆芽，名曰“巧芽”。除上述节日外，每逢农历的三、八是明村开集的日子，周边村落也会到明村东村商贸大街赶集（见图 5.3）。明村东村东北小山上建有一处九顶莲花山庙，乃村民集资自建，本村、邻村的村民都会来此祭拜。

明村东村集

九顶莲花山庙

图 5.3　明村东村的社会文化

## 五、结语

明村东村是青岛“美丽乡村”建设极具典型性的代表，在城镇化进程中集体用地逐步转变为城镇建设用地，在集体用地逐步流失的过程中，伴随的是人口的流失和老龄化的加重。仅仅依靠粮食农业生产，造成明村东村生产力不足；镇区集聚度不够，无法驱动明村东村的发展与建设。在“美丽乡村”建设的推动下，通过进行“输血式”的基础设施和公共服务设施的建设，提高居民的生活质量。

作为镇驻地村，明村东村也具有极大的发展潜力。依托明村西瓜和西红柿等农产品，充分发挥镇驻地的产业优势和现代农业园区的带动作用，以村庄群形成乡村振兴示范区，积极构造“造血”体系，以优良农业为基础发展农副产品加工产业，走生态文明下的可持续发展道路。

# 第二节
# 莱西“美丽乡村”——河崖村

## 村落名片

**名称**：河崖村

**称号**：山东省党史教育基地（2021）、山东省红色研学基地（2021）、山东省景区化村庄（2021）、国家第三批红色旅游经典景区名录（2021）、第六批省级文物保护单位（2022）

**简介**：河崖村隶属于山东省青岛市莱西市马连庄镇，地处莱西市北部偏东25千米处，位于马连庄镇政府驻地东北方向10千米、龙青高速马连庄出口北4千米；距青岛市区124千米。河崖村村域总面积4.27平方千米，耕地面积3730亩。2021年，河崖村村集体经济收入14万元。河崖村“红色”底蕴丰厚，以乡村文化振兴带动红色产业和绿色产业崛起，实现了乡村的振兴。

## 一、红色马连，激情燃烧的红色文化

河崖村地处莱西马连庄镇，地理位置优越、交通便利，处于马连庄镇政府驻地东北方向 9 千米、莱西市区北方向 24 千米，北通招远市，东达莱阳市，西抵平度市，四通八达，交通便捷。2018 年 7 月，龙青高速建成通车在马连庄镇设有出口，其出口据河崖村仅 4 千米，这使得河崖村与周边城市结合更加紧密。河崖村气候为温带季风型大陆性气候，空气湿润，气候温和，四季分明；生态资源禀赋优越，土质肥沃，水资源丰富。河崖水库位于村庄北侧，物产丰美。明洪武二年（1369 年），刘姓由山东省潍河套迁居海阳县，后又迁此建村，因村近凤栖河河岸，故名河崖。河崖村所在马连庄镇红色底蕴丰厚、历史悠久，早在明清时期就先后爆发过董大成起义、曲诗文起义等农民起义运动，极大地撼动了封建政权的残暴统治，也在当地人民心中种下了革命的萌芽。

1933 年 3 月，莱阳中心县委成立后，为加强对边区一带党组的领导，在东到栖霞市的孙家庄、西到莱州市的“四大涧”、南到莱西市的马连庄、北到招远市的西疃补庄方圆 700 多平方千米的范围内，先后有 40 多个村建立了党组织，被人们誉为“胶东的延安”。其中，河崖村党员刘曰善在北山口村建立了招莱边区第一个农村党支部，先后在顾家、马连庄、田家、河崖、洼子、军寨等村共发展党员 30 多名，从而使马连庄在抗战前及抗战期间，逐步成为招莱边区根据地的核心地域。

1942 年 7 月，党在山东省第一个独立的地方红色政权——胶东行政公署成立，并于 1947~1948 年底在马连庄镇河崖村办公，使该地区的红色血脉得到进一步发展壮大，时任胶东行政公署主任的汪道涵前辈也曾在该村居住。胶东行政公署在马连庄镇河崖村办公期间，实行军政一元化领导，加强了对五大专区的军事、政权及经济等方面的绝对领导，开展了减租减息和土地革命运动，并先后组织了两次大参军，有力地支援了解放前线运动。与此同时，胶东行政公署也加强了后方机关、医院和军工的建设，成为华东军区军需供应的主要基地。抗日及解放战争时期，马连庄镇共发生大小战斗 80 余次。据《莱西县志》记载，马连庄镇原 44 个村在册登记的英雄烈士就有 295 名，革命先烈用鲜血铸就了红色马连之魂，涌现了八路胡同、夭山战役、解放马连庄战役等可歌可泣的英雄事迹，激励着马连庄人民在新时期克难而进、奋勇前行。

如今，若是来到马连庄镇的河崖村东侧，便会看到一片明清风貌的古朴民居坐落在一处高岗上，石墙老屋之间，一条窄巷穿门而过；巷子长短不过百余米，却集中了新华书店、战时邮局、胶东行政公署等多处革命战争时期的机关旧址（见图 5.4）。

该巷中原有 8 户人家，在抗战期间，就有 7 人加入八路军，出现了 5 位烈士。这条窄窄的巷子，因而被人们亲切地称为八路胡同。在红色文化的引领下，河崖村当年参军支援前线的人口占到了全村总人口的 70% 以上。

依托河崖村保存完好的“红色”旧址，以胶东行署旧址、汪道涵旧居为中心，涵盖胶东区党委驻地旧址、胶东第一个新华书店旧址 、战时邮局旧址、夭山战役遗址等红色革命旧址，河崖村建立了红色革命教育基地，也是山东省党史教育基地。河崖村以“红色”基因传承与活化为乡村振兴抓手，形成了具有代表性的文化振兴乡村路径。

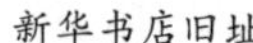
新华书店旧址

刘曰善烈士故居

图 5.4　河崖村的红色旧址

## 二、“绿色”崛起，果园经济驱动农业发展

凭借肥沃的沙壤土质和光照充足的天然优势，马连庄镇建立了“品种、品质、品牌”的农业路径；探索开展了国内贸易、地采直营、线上运营、自营社团和委托代采五大板块业务，构建了以国有平台为主体的农产品供应链销售体系。2017 年，马连庄镇成立了镇级国有农业平台公司，构建了土地流转的新模式；以平台公司收储的土地进行统一运作，全部用于自营或第三方合作的农业项目，提高了土地议价能力，确保了土地增值。镇农业平台公司以资产授信方式获取银行贷款后，将资金根据业务工作完成情况支付给乡村振兴公司，乡村振兴公司依据业务模块支付给经济合作社，合作社再支付给社员农户，完成了四级平台运作模式，在一定程度上解决了乡村振兴资金短缺的问题。

河崖村积极发展果园经济，现有苹果园 300 亩、梨园 100 亩、葡萄园 250 亩、金银花产业园 350 亩；村民通过务工、土地流转、入股分红等形式，积极参与到乡村发展中。现在，村内共有甜瓜、苹果、葡萄、秋月梨等无公害优质瓜果生产基地 600 余亩；畜牧养殖、草莓种植等专业合作社 4 处，党支部领办合作社 1 处。

河崖村依托镇农业平台公司，积极带动群众及社会资本，合力打造胶东半岛高端阳光玫瑰葡萄生产、储藏和销售基地。以近年来重点打造的阳光玫瑰葡萄为例，发挥传统地域种植优势，深化与青岛农业大学合作，镇农业平台公司撬动社会资本，投资 600 万元的阳光玫瑰葡萄基地——马连庄农业观光园，占地 120 亩，2019 年 6 月种植完毕，种植葡萄 80 亩，利用空余土地在园区种植车厘子 30 亩，2021 亩产葡萄 4000 斤左右，年销售收入 320 万元，纯利润约 200 万元。格达军武河葡萄园是另一处示范园，利用扶贫资金约 466 万元、总投资 600 万元建立，占地 126 亩，2020 年 5 月种植完毕，种植葡萄 80 亩。

图 5.5　河崖村的特色产业基地

依托葡萄果园，马连庄镇积极开展了马连庄镇采摘节。2020 年，采摘节在河崖村举行，由中共莱西市、马连庄镇人民政府主办，《半岛都市报》莱西全媒体运营中心、青岛凤从西莱文化传媒公司承办，马连庄镇农业发展有限公司协办，采摘节将葡萄、辣椒采摘，夜晚灯光秀充分结合在一起，丰富了采摘节氛围。开幕式上，星光传媒艺术团进行了精彩的歌舞节目表演，其中根据《南泥湾》改编的开场歌舞《马连庄》，带人们回顾了那段峥嵘岁月。

### 三、“红”“绿”相映，“美丽乡村”推动村庄建设

河崖村距离大沽河及其支流较近，村内有河崖水库和凤栖河，位于青岛市水源保护地和东北部生态屏障内。村内地势相对平坦，局部突起；宅前、宅后均分布着果园，再向外围分布着田地，田地内分散布局有水塘，在空间上形成“宅—园—田”的层次结构，生态基础良好。

为驱动社会经济良性发展，近年来依托河崖村众多的红色革命遗址，马连庄镇政府统筹各类资金打造了一系列的红色文化旅游产品，树立了马连庄镇“红色马连，

绿色崛起”的典型示范，例如，投资3600余万元建成的龙青高速出口至河崖村20余千米的红色旅游大道；2018年底，河崖村投资近1000万元，铺设水泥路面2万余平方米，沥青路面5700平方米，浆砌排水沟8100米，铺设碎石广场4300平方米，绿化3200平方米，粉刷墙壁1.5万平方米，完成了“美丽乡村”示范村打造等工程。2020年，作为“莱西会议”30周年主场地之一，河崖“美丽乡村”示范村工程进行了三大板块的建设，第一板块是戏台和展馆，第二板块是民宿，第三板块是旧址修缮。经过一系列建设，村容村貌、基础设施等方面均发生了翻天覆地的变化。

同时，红色教育基地建设已经走向规模发展。各级政府先后投入资金共计5000余万元，对河崖村红色教育基地进行了集中打造，对相关革命旧址进行了整修，新建了胶东革命文化展览馆，打造了青岛党风廉政文化馆、战时邮局、汪道涵旧居等红色教育示范点，红色教育基地建设初具规模（见图5.6）。此外，河崖村投资500万元，通过建设党建文化墙，文化广场、统一规范村民挂牌，设置指示牌，增加了党建元素的氛围营建；通过特色党建工作展示，红色歌曲、红色展馆、红色故事解说、红色文旅产品开发，红色革命纪律总结提炼等三个方面，对红色精神教育进行展示；通过举办党课知识讲座、党员事迹宣讲等特色培训，用身边人、家乡事激励人、教育人，凝聚“红色能量”。

图5.6　河崖村的红色教育基地建设

现如今，河崖村的发展已进入全新的历史时期。但是，我们也应看到河崖村空心化、老龄化等问题较为突出，目前户籍人口为410户，但常住户数只有278户；同时，人才缺失依然是河崖村乡村振兴最大的掣肘；另外，村内民房多为土木砖石结构，特别是红色革命旧址建筑质量较差，整体质量和风貌亟待提升。

## 四、“红色”小镇，招募乡村振兴合伙人

2022年，在青岛乡村振兴示范片区的推动下，马连庄镇以河崖村为核心区打

造"一山一水一红心，一金一银一红村"的马连庄"红色"小镇，涉及 3 个新村、23 个自然村、1.74 万人口、4.56 万亩耕地，以河崖村红色教育基地为核心，布局"一环八路，一轴八园"。马连庄"红色"小镇建设主要分为三大板块：红色教育板块主要依托河崖村丰富的红色文化教育资源，打造红色教育基地；集中居住板块主要依托洼子村，辐射周边村庄供村民集中居住；绿色采摘板块主要依托车厘子、阳光玫瑰葡萄以及周边的苹果、梨种植产业。其中，重点建设黑瓦青砖、古意盎然的乡村风貌线，展现胶东革命红色传承的河景风光线，串联起高端农业绿色崛起的农旅观光线。未来，河崖村将改造、提升水库及下游河道，发展绿色生态观光游等新项目，让游客在开展"红色"研学旅游的同时，欣赏美丽宜人的田园风光、体验悠然畅快的生态环境，进一步增强河崖村的旅游吸引力和游客体验度，形成"红"加"绿"协调发展、融合发展的新局面。

同时，为突破人才瓶颈，2022 年莱西市共开放 100 个村庄招募乡村振兴合伙人，首批河崖村在列，诚邀善于经营文化旅游和特色农产品的有志之士，打造村庄知名红色文化研学基地。其合伙方式为"红色"民宿经营者，对已建好的"红色"民宿进行开发经营，合作采取一人一宿或一人多宿的形式。未来，河崖村将以人才振兴联动文化振兴，激活"红色"民宿潜力，实现"红色"资源的开发利用，形成文化产业链，推动村庄的全面发展。

## 五、结语

河崖村的"红色资源"优势突出，形成以党建引领的"红色引擎"，激活发展动能，形成了"红色引领、绿色崛起"的发展模式，形成了产业集群；同时，将"红色"旅游、"绿色"采摘等充分结合，推动网格村向特色小镇集聚，寻求规模经济和效应，以乡村振兴合伙人模式突破人才瓶颈等，目标直指一、二、三产业深度融合的乡村振兴，走出了具有特色的模式，非常值得其他村庄学习和借鉴。

# 第三节
# 莱西“美丽乡村”——辇止头村

## 村落名片

**名称**：辇止头村

**称号**：山东省森林村居（2019）、第二批国家森林乡村（2019）、第一批山东省乡村振兴示范村（2020）

**简介**：辇止头村位于莱西市望城街道正西方，距莱西市区 6 千米，东距莱西站、莱西南站和 G204 国道均 3 千米。村庄交通条件便利，望武路穿村而过，省道 209 自村东绕村南而西行；水利资源丰富，大沽河、潴河、长广河、嵯阳河、辛庄河五条河流在村北交汇，形成了数千亩湿地。村域面积 3 平方千米，其中耕地 2200 亩，工业采矿用地 555 亩，村庄建设用地面积 560 亩。2021 年，辇止头村集体经济收入 32.7 万元，村民人均纯收入 2.4 万元。

## 一、大沽河畔，先贤辈出的历史村落

辇止头村位于山东省莱西市望城街道正西方，北侧紧邻大沽河生态保护廊道；交通条件良好，南临省道 209，东北距莱西市区 6 公里，东距莱西站、莱西南站和 G204 国道均 3 公里，老青烟路（青岛到烟台）紧贴村前而西行，莱西市望武路穿村而过，连接莱西湖和姜山湖的水路纵贯村庄东侧。辇止头村属北温带大陆季风气候，夏季高温多雨，冬季寒冷干燥，四季分明；年平均日照时数为 2770 小时，年平均降雨量 763 毫米，年平均气温为 11℃。

辇止头村最早是一个任姓聚居的村庄，据《莱阳县志》称："任氏，进士芹之族，居城南关一区大汪家疃等村。"根据族谱记载，明朝永乐年间，任姓由莱阳城到此建村，因临近翠岵山，取名翠岵庄；后因康熙大帝乘玉辇到此巡访任惟灿，并在这里下榻，于是改名辇止，意为皇帝御辇停留过的地方。600 余年里，这里先后有 11 人在国子监读过书，七品以上官员 7 人，先后受到皇帝旌表的就有 10 人之多。而最为著名的是康熙帝授予"奉天诰命"木匾的任惟灿，因仗义疏财，热爱公益事业，被当地人称"任百万"。康熙三十六年（1967 年），大沽河流域遭受特大灾荒，民不聊生，任惟灿代缴七乡赋税；为使百姓能喝上水，任惟灿"一斗石渣一斗钱"开凿了古井清泉，这口井一直用清澈的泉水养育着辇止头村村民，直到 2005 年，辇止头村喝上了市供自来水；为减少大沽河对村内土地的冲刷，任惟灿带领村民在谭彪庄村西修筑一道拦河坝，逼迫河水改道，保住了辇止头村的土地，因此有了"不种岺岵庄任百万，大沽河一通到江南"的民谣。

辇止头村还是远近闻名的武术村。自古以来，辇止头村的任姓就有着习武传统，一直延续到中华人民共和国成立。方圆百里，凡是提起该村，人们很自然地就会将其和武术联系在一起。

## 二、豨养泽地，水贯田园的人文乡村

大沽河奔涌到莱西境内，被产芝水库南向 15 里一座不太高的山岗——岺岵山横拦，转头西行。在转弯处又有莱西水沟头的潴河和南北朝时期长广县的护城河——长广河流过，三河交汇地形成了数千亩滋养万物的湿地，这便是班固在《汉书 · 地理志》中提到的秦汉名地"豨（xī）养泽"。河湖湿地滋养着整片土地，土壤肥沃，植被多样，白鹭翻飞，带来了丰富的水系资源与景观资源。

辇止头村东西最大横距 2.5 千米，南北最大纵距 2 千米；土地以平原为主，有小部分丘陵地，金岭坐落在村东，地势东部略高于西部。历史悠久的辇止头村，古迹颇多，自然景观与人文景观共同构成了乡村六大景，分别被称为古井清泉、南楼观涨、平沙积雪、石崖避暑、长堤春树、崒岵晓雾；六大景在清朝时已经成形，其中，“古井清泉”就是任惟灿出资开凿的“千总井”，而“南楼观涨”中的“南楼”指的则是被烧毁的任惟灿竹楼。近年来随着村庄旅游业的发展，村里投资 230 万元修复了“崒岵晓雾”和“古井清泉”两个景点。

辇止头村村内民居主要是 1980 年以来修建的联排平房，村南交通条件优越的地带建有二层楼。近年来，随着“美丽乡村”建设，村里建起了文化大院、妇女之家、青年之家、学校、球场等设施；主要街道全部进行了硬化，并安装了路灯，道路两边也种植了鲜花和绿草（见图 5.7）。

图 5.7　辇止头村鸟瞰

## 三、历经变革，走生态文明发展之路

辇止头村人民有着改革的光荣传统。清末民初，全村以种粮为主，从事其他经营的人很少；中华人民共和国成立前，全村 2000 余亩土地基本被几家大户所控制，很多户农民上无片瓦，下无立锥之地。中华人民共和国成立后，党和政府领导农民进行土地改革，走合作化道路，全村开展了大规模的农田水利基本建设，进行沟、田、路、渠综合整治，推广新式农具、培育良种、防治病虫害；到 1980 年，辇止头村的 2300 亩田地成为旱涝保丰收的高产稳产田，全村有灌渠 2 条，大型扬水站 1 座，所有土地能在十几天内轮浇一遍。

十一届三中全会后，全村实行了联产承包责任制，将土地重新分到农民手中，但单纯种粮食的经济效益不大，政府鼓励、引导农民，大力发展副业生产。于是，20 世纪 90 年代前后，蔬菜种植、奶牛养殖、村办企业、第三产业等都迅速发展起来，农民的收入有了很大提高。20 世纪 90 年代末，在浓厚的招商引资气氛下，辇止头村在村东南烟青公路和望武路形成的三角地带，拿出 30 余亩土地，集体投资为该片区配齐了服务设施，吸引了许多客户前来投资。到 2002 年，该片区已有民营企业 3 家、个体工商户 10 余个，固定资产达到了 800 余万元。2004 年，全村蔬菜种植面积 76 亩，果园种植面积 953 亩，河滩造林 1000 余亩，奶牛存栏 203 头，全村总收入 4988 万元。2003 年开始，大沽河与村庄之间的近 240 亩地租赁给村民个人进行开矿、采石、采砂，并一跃成为村内主导产业。近年来，大沽河的沿岸进行多次整治，村内的采石、采矿行为才得以遏制，开采作业导致地形、地貌景观破坏，周边矿泥裸露，杂草丛生，满目疮痍，生态环境恶化，千亩湿地中的巨大矿坑与大沽河的美丽风景形成了鲜明的反差。

目前，在生态文明发展理念的主导下，辇止头村的发展开始转型，鲁盛集团率先成立了青岛鲁盛沽河游乐园有限责任公司，从 2015 年开始又积极吸纳外部资金，在村西规划建设了规模较大的大沽河游乐园景区，历经 8 年共投资 2000 余万元（见图 5.8），占地约 300 亩的旅游产业已经初见模样。原有以小麦、玉米为主导的农业种植，也开始了转型；现建有 1600 亩的果蔬种植观光采摘基地，包括 200 亩的樱桃、葡萄、桑葚采摘园（见图 5.9）；成立了 4 家农民合作社，参与村民近 200 人。

以大沽河生态资源和万亩果园为依托，充分挖掘人文资源，辇止头村正积极发展乡村旅游，打造生态、农业、文化及研学等多方面的旅游和生态农业全产业链的发展新路径。

图 5.8　大沽河游乐园

图 5.9　辇止头村采摘园

## 四、结语

辇止头村是青岛“美丽乡村”建设中非常典型的一类代表，保护和发展的矛盾在此体现得尤为突出。一方面，辇止头村历史底蕴深厚、自然资源丰富，凭借城郊村的优越地理位置，通过发展第二产业快速致富；另一方面，村庄的致富是以生态资源破坏为代价的，是以矿产资源的消耗和大沽河的生态资源破坏为代价的。在我国生态文明建设的新时期，辇止头村不得不进行转型发展。另外，辇止头村隶属望城街道，随着莱西市的城镇化进程加快，越来越多的年轻人离开这里；同时，为了大沽河的保护，辇止头村的搬迁无疑是有益的，但若如此其历史文脉的丧失也让人惋惜。

# 第六章 | 青岛的新型乡村社区

新型乡村社区不同于传统的行政村，也不同于城市社区，一般由一个或若干个行政村，统一规划建设而合并在一起。新型乡村社区的典型特点是从传统的分散居住模式发展为相对集中的、设施较为完善的现代聚居模式，以推动乡村居民的生活现代化和缩小城乡差距。本章选取青岛的各类典型案例进行分析，以期为青岛今后的乡村实践提供经验指导。

# 第一节
# 崂山区新型乡村社区——凉泉村

## 村落名片

**名称：** 凉泉村

**称号：** 山东省“美丽乡村”示范社区（2019）、全省乡村旅游重点村（2020）、山东省景区化村庄（2021）

**简介：** 凉泉村，位于崂山北部山区的月子口山口以东，东望崂山国家森林公园，南临华楼山，北接黄石洞，紧邻崂山水库，有着崂山北宅“第一村”的美誉。凉泉村地处崂山区北宅街道办事处北约3千米处，紧邻296省道，距离11号线北九水站2千米，交通便捷，生态区位优越。凉泉村具有400多年的悠长历史，因村旁有一眼水质甘洌、长年流淌的清泉而得名。凉泉村占地4.02平方千米，包括水域面积1152亩，林草面积2900亩，建设用地300亩；村内约200栋旧宅闲置，通过整体租赁、精品运营，打造成“凉泉理想村”，形成了具有“文创福报”特色的崂山区乡村振兴“一号工程”。

## 一、凉泉新苑，几经变迁的乡村社区

凉泉村位于山东省青岛市崂山区，是国家旅游度假区腹地、国家级风景名胜区二级保护区、华楼山景区自然保护区实验区以及崂山水库二级及以上水源保护地范围内的村庄，占据绝佳地理区位。凉泉村地处温带季风气候区，具有四季分明、温度适中、空气湿润的特征；水源充沛、树木成荫、土地肥沃，植被覆盖率高达 80%。

明朝嘉靖年间，山东胶州三角里刘姓的一支择月子口以东宽敞山涧冲积的平原定居，因村中有一眼水质甘冽、常年不涸的清泉而将村庄命名为凉泉村。后来有李、矫等家族村民相继迁入，目前以刘、李姓人家居多，村民世代依靠崂山丰富的物产在此安居乐业。1958 年，青岛市政府为解决城市饮用水紧缺的问题兴建了崂山水库，此次水库的修建使得包括凉泉村在内的 12 个自然村，共计 967 户村民“舍良田而居山野，忍干渴而迁高埠”，整体搬迁至水库上游的山地地区。搬迁后的村庄不仅环境质量和经济发展大幅度下降，而且在生活基本保障上也面临着一定困难。为改善村庄整体人居环境质量，提升村民幸福感，青岛市政府投资建设凉泉新苑，遵循政策引导、群众自愿、现房安置、以旧换新、产权互换、差价互补的原则，引导居民进行搬迁。2007 年，崂山凉泉村的 329 户 1028 名村民，拿到了入住新楼房凉泉新苑的钥匙，凉泉新型乡村社区就此建立。而旧村中约有 200 栋民居闲置，沦为空心村。

## 二、凉泉社区，乡贤带领的发展探索

凉泉村从肥沃的良田到贫瘠的山地，在公社时期并未受到太多影响，但是实行土地承包责任制后，随着供应粮的取消，村民的日子开始捉襟见肘。村民们开梯田、种果树、种茶，积极融入北宅樱桃市场，乡贤刘承田带动村民开始了积极探索。2000 年，青岛凉泉生态发展有限公司成立，同年 8 月，“凉泉”成为注册商标。在 2007 年村民住进新楼后，村书记特意请专业团队进行了村庄规划，在“生态凉泉”的理想蓝图中，把凉泉的老村庄进行修葺配套，改造成凉泉山庄用来发展旅游项目；同时，引进了一条小啤酒生产线，用优质的崂山矿泉水，酿制出清凉爽口的风味啤酒。另外，凉泉社区从全国著名的茶叶产地，引进优良茶叶品种，建立了 300 亩优良茶苗生产示范园；凉泉茶以特殊的口感和香醇的味道，在第九届国际茶文化节中获得金奖。与此同时，为了构建完善的产业体系，凉泉社区积极发展特色农作物，将果树种植作为社区的主导产业；凉泉依托“中国樱桃之乡”的地理条件，积极发展樱桃、樱珠、杏、桃、绿色蔬菜的种植（见图 6.1）。此外，凉泉社区尝试与特色蔬菜大棚合作，种植各种无公害蔬菜，除可供给日常入住客人饮食外，还能围绕采摘体验开展亲子活动。

樱桃　杏

桃　茶

图 6.1　凉泉村特色作物

## 三、凉泉理想，社会资本撬动理想村

在国家乡村振兴战略下，崂山区委、区政府引进了国内乡村振兴的"火炬手"——乡伴集团。2018 年乡伴集团与崂山区达成合作，凉泉理想村建设正式动工。

凉泉理想村的发展，以盘活旧民、发展文旅为乡村振兴的路径。崂山区将凉泉社区作为崂山区一类示范社区进行大力打造，2019 年为凉泉社区集体注入 2500 万元资金，其中 1500 万元以优先股方式参股项目，占项目 20% 的股权。同时，加大基础设施建设，先后完成了综合管线和环境提升工程，对进出凉泉理想村的主要道路进行了全面提升建设；村庄内外交通通畅，进出便捷，交通标志、路灯、停车场等交通设施配备齐全。另外，积极开展垃圾治理、绿水绕村、青山环抱、土壤修复等生态行动，以生态治理为乡村振兴的基础。在此基础上，在占地约 595 亩的旧村中，凉泉社区腾出了 140 套房子，打造民俗度假、旅游休闲、观光体验等多元的小村落，并且以出租 20 年经营权来实现理想村的持续性经营。

乡伴集团采用“整体租赁、统一划分、分期改造、精品运营”的模式，对凉泉村内部环境进行整体营造，完善地下基础设施、地上旅游标识牌，注重历史遗迹的保护与利用，利用“崂山红”石料在古朴村貌中营建现代理想村落，完成了对村志广场、乡创中心、品牌民宿、四季食堂、植物美学馆等典型建筑的改造，完成了 10 多套小院的改造与租赁，融入了生态理想乡村的理念，将衰败的旧居复兴了起来。现代人喜欢的精致亲切的生态环境、浓郁热情的邻里生活、有活力创意的生产社群，在这里都可以找到（见图 6.2）。

图 6.2　社区改造前后对比

凉泉理想村的成功经验有以下几个方面。第一，在村居改造过程中，以生态环保的方式对原有建筑、原有生态进行了修复改造，对旧村采取生物群落修复、建筑废弃物再利用等方式进行改造，以乡村写意的手法对原有环境进行了绿化提升，切实改善了人居生存环境，实现了经济效益和生态效益的双提升，使乡村旧貌换新颜。第二，在农业的生产方式、组织方式、管理方式等方面也进行了改革。在特色民宿、水果蔬菜采摘、电商蜂蜜销售等产业中寻找上升空间。针对樱桃等季节性强的水果，专门开展团队采摘等，为果农增加了收入。除此之外，凉泉村还尝试与特色蔬菜大棚合作，种植各种无公害蔬菜，除供给日常入住客人饮食外，还开展各类亲子采摘活动。第三，引智引才，培育凉泉村新生业态。在运营方面启动了“企业下乡、人才回乡、文化兴乡、社区共创”的理想村招募计划，并开展了星空节、乡村音乐节、大学生建造节、乡土文创节、大学生实践周、青岛国际啤酒节乡村分会场等一系列的精品文化活动。第四，增加就业机会，先后引导、发动了40余名社区居民在理想村就业，解决了社区剩余劳动力，实现了社区、企业和居民的多方共赢。依托凉泉理想村的山中四季食堂，社区居民的农副蔬菜产品也得以销售。

在凉泉理想村建设过程中，政府全力支持，引入社会资本强农，以企业设计建设运营、社区集体分红的模式，通过精品策划设计、构建社区平台、引进乡创人才等方式，将农村闲置房屋租赁给运营公司，全面激发了凉泉理想村内生活力。在凉泉理想村我们看到了乡村振兴的多种模式，如果说崂山区在为凉泉村发展进行的生态修复、基础设施建设为“输血式”，而乡贤带领村民积极发展第一产业则为“换血式”，那么社会资本的介入则是“造血式”的发展。凉泉理想村以社会资本、先进发展理念为契机，融入现代文旅创新需求，打造了现代人可居可游、吃喝玩乐住一站式满足的恬静安逸的乡村生活。而凉泉村的可持续发展不仅在于改造，更重要的是运营维护。

### 四、低碳乡村，大崂凉泉乡村振兴片区

青岛的乡村振兴战略已由“美丽乡村”、田园综合体建设推进到了乡村振兴示范片区建设。凉泉村被纳入大崂凉泉片区，该社区涵盖6个村庄，6400余人，13.85平方千米；未来3年将打造“百果花语，天河仙境”的地域品牌，展示百果百花的田园农业景致。凉泉理想村以现有崂山樱桃特色产业为区域发展基石，持续推进“中国樱桃之乡”建设，以“低（零）碳智慧乡村”为重点战略方向，实践乡村EOD模式，创新乡村振兴项目组织实施方式，以生态保护和环境治理为基础，以特色产业运营为支撑，以区域综合开发为载体，采取产业链延伸、联合经营、组合开发等方式，统筹推进，一体化实施，推动生态效益与经济效益的有效融合。凉泉理想村作为休闲康养度假区，以紧邻崂山水库及山环水绕的生态特色为优势，整合资源，以养生度假为主题进行建设、运营，必将迎来新的发展机遇。

## 五、结语

凉泉村作为崂山区乡村振兴的一号工程，实现了搬迁村到理想村的蜕变，在生态价值实现过程中，村民的生活越来越好。凉泉理想村不仅是“乡愁”的现代理想范本，更是乡村振兴发展模式探索的理想范本。

# 第二节
# 西海岸新型乡村社区——藏马山居新村

## 村落名片

**名称：**藏马山居新村

**称号：**全国休闲农业与乡村旅游示范点（2011）、山东省级“绿水青山就是金山银山”实践创新基地（2021）

**简介：**藏马山系“濒海八岫”之一，自古有“山藏天马出，蛰古远龙飞”的美誉。藏马镇位于藏马山南，是青岛市西海岸经济新区所辖山区经济强镇，因其位于黄岛地理的中心位置而得称“胶南之心”。在“东有灵山湾、西有藏马山”旅游战略格局下，藏马山旅游度假区开始兴建并推动了乡村振兴样板——藏马山居的建设。藏马山居占地195亩，建筑总面积15万平方米，建设安置房1350套，集体发展用房共1.87万平方米，采用先建后拆的方式安置胡家庄、臧家村、丁家松园、河西屯4个村。

## 一、山藏天马出，山水与传说共一脉

藏马山位于西海岸新区大村镇和藏马镇，属温带季风性气候，四季分明，气候宜人；境内藏马山主峰海拔 395.2 千米，地势险峻，美景如画，资源丰富，古迹名胜众多。其地处西海岸新区东西交通动脉中部，距青岛胶东机场 70 千米，距董家口港区 15 千米，距青岛西站 18 千米，可谓海、陆、空交通便利。

藏马山名字的来源有“天马下凡”“白马掠药”等多个美丽传说，而以秦始皇七巡天下时三登琅琊台的历史传说流传最广。传说众方士出海寻仙得到不死灵药献于秦始皇，皇帝龙颜大悦，于是斋戒三日，欲择吉时而服。吉日吉时，秦始皇手托灵药，却有白马突至，掠灵药而逃，向西南方向狂奔隐入深山，始皇帝派重兵搜捕数日无功而返。两千年来百姓信奉白马为灵兽，将此山称为藏马山，顺水而下的那条小河称为白马河。

藏马山不仅有丰厚的文化资源，还有丰富的自然资源。是西海岸新区的生态腹地，素有“东有崂山，西有藏马”之说。藏马山绵延 300 多平方千米，自然条件非常优越，森林覆盖率达 76%，每立方厘米中负氧离子高达 14960 个，现已建成青岛市首家规模万亩以上的市级森林公园；数条季节河流流经境内，有水域面积 6 平方千米的陡崖子水库（藏马湖）和孙家屯水库两座中型水库，山水资源十分丰富（见图 6.3）。

图 6.3　藏马山实景图

## 二、蛰古远龙飞，景区拉动下的乡村

藏马山脚下散落着多个村庄，这些村庄因地处山区远离城市、交通不便而发展落后，是典型的山区村。依托良好的山水资源，2008 年，黄岛区藏南镇（今西海岸新区藏马山镇）与青岛隆海集团有限公司签订了投资协议，建设了面积约 32 平方千米的藏马山乡村（国际）生态旅游度假区，开启了旅游度假产业的建设。从规划设计开始，就以生态维护和保育为基础，进行山体绿化、景观打造，完善基础设施配套和旅游服务设施，积极培养生态农产品生产，推进农民政策兑现及建设用地购置等；在此带动下，吸引了一批企业下乡发展农业产业，但由于该区域面积大而造成了开发成本过高且经济与社会效益皆不明显。2015 年，诸多民营企业涌入藏马山，发展了康养、理疗检测等医养产业，以及花卉培育、观光体验、亲子研学、创意农业、循环农业等多个农业项目，形成了较为深厚的产业基础。2018 年，青岛基于打造“东方影都”的发展需要，依托灵山湾 40 个全球领先的工业电影摄影棚，在风景秀丽的藏马山建设了外景基地，布局“东有灵山湾、西有藏马山”的大影视、大文旅产业，逐步形成了度假旅游、宜居康养、文化影视、创新创业、现代农业五大业态（见表 6.1）。

表 6.1 藏马山旅游资源

| 主类 | 亚类 | 旅游资源 |
| --- | --- | --- |
| A 地文景观 | AA 综合自然旅游地 | 藏马山国际旅游度假区 |
| | AB 沉积与构造 | 藏马山 |
| B 水域风光 | BB 天然湖泊与池沼 | 陡崖子水库 |
| | | 藏马湖 |
| C 生物景观 | CC 花卉地 | 中以生态农业基地 |
| | | 蓝莓种植园 |
| E 遗址遗迹 | EB 社会经济文化活动遗址遗迹 | 高戈庄龙山文化遗址 |
| | | 崖上老母庙 |
| F 建筑与设施 | FA 综合人文旅游地 | 藏马山影视城 |
| | | 阿朵花屿 |
| | FB 单体活动场馆 | 创客空间 |
| | FC 景观建筑与附属型建筑 | 乡村集市 |
| | FD 居住地与社区 | 藏马山居 |

（续表）

| | | |
|---|---|---|
| G 旅游商品 | GA 地方旅游商品 | 特色农家宴 |
| | | 琅琊鸡 |
| H 人文活动 | HC 民间习俗 | 马术表演 |
| | | 非物质文化遗产演示 |
| | HD 现代节庆 | 藏马山冰雪节 |

在藏马山强势发展的过程中，也开始了对周边村庄的整体搬迁与改造工作。藏马山区域共涉及 15 个村庄，2013 年，启动了包括长迁沟、贺吉沟、曾家官 3 个村在内的整体性搬迁改造，新建社区被命名为长迁沟社区，一期工程完成了 389 户村民的安置，共计 1126 名村民。2018 年，整体性搬迁改造二期工程启动，建设了藏马山居，对胡家庄、臧家村、丁家松园、河西屯村 4 个村庄进行集中安置，2 年后藏马山居正式开始回迁工作。截至 2020 年，藏马山已完成了 12 个村庄的改造工作。

## 三、山水间幽居，高品质的藏马山居

胡家庄、臧家村、丁家松园、河西屯村这 4 个村原位于开城路以南、陡崖水库北岸，565 户，共计 1744 人，村域面积 7617 亩，含建设用地 322 亩（见表 6.2），主要以第一产业为主。集中安置区——藏马山居位于开城路以北，西临长阡沟社区，东邻藏马山生态展厅，北临铁镢山。藏马山居采取以土地出让的方式，集中安置。

表 6.2 藏马山居村庄情况统计表

| 村名 | 户数 | 人口 | 村域总面积（亩） | 村庄建设用地面积（亩） | 宅基地总数（宗） |
|---|---|---|---|---|---|
| 胡家庄 | 95 | 343 | 1100 | 70 | 103 |
| 河西屯 | 54 | 154 | 550 | 18 | 62 |
| 丁家松园 | 228 | 660 | 2654 | 124 | 237 |
| 臧家村 | 188 | 587 | 3313 | 110 | 250 |
| 合计 | 565 | 1744 | 7617 | 322 | 652 |

藏马山居项目（见图 6.4）总投资 3.2 亿元，总用地 13 公顷，居住户数 1350 户，总建筑面积 15 万平方米，共 61 栋住宅。其中，多层住宅占 43.8%，高层占 56.2%，配套建筑面积占地上建筑面积的 16.2%；共有 11 栋商业办公楼，配套设施有社区办公楼、经济发展用房、幼儿园等，采用“设计—采购—施工”一体化的工程总承包模式，

是示范区的代表项目。

藏马山居小区为满足 4 个村的顺利回迁，以中心绿地形成大中轴线，通过道路系统组合成整体。小区分为南北两部分，南侧沿着道路为配套设施用房规整线性布局，建设集体发展用房共 1.87 万平方米，以保障居民可持续的经济收入。发展用房按照市场化、平台化的原则，委托专业团队进行招商、运营和管理，引入的项目有大学生创客空间、网红直播、新媒体农产品展示展销、藏马影城等。小区北侧为居住用房，结合地形建设，错落有致，小高层都配备有电梯，单元内部均为一梯两户，房屋采光良好（见图 6.5）。社区物业费在搬迁后近几年不予收取，采暖费按西海岸新区供热收费标准收取。小区交通条件便利，居民远距离出行以公交、地铁为主。

图 6.4　藏马山居总平面图

图 6.5　藏马山居小区实景

在小区南侧 2 千米左右，是 4 个村的原有村落，村民的土地已经完成了流转，在这里正在建设 2 万余亩的农业产业大棚，通过现代化的农业设施进行经济作物的高效种植。不远处，藏马影视基地一期也已经完成，很多村民在这里进行培训，可以成为群众演员。村民可以通过土地流转收入、工资收入、创业收入和股金分红，年人均增收 3 万元以上。藏马山居建成以来，先后迎接中央、省、市 30 多次乡村振兴观摩，中央电视台专题报道了藏马山居的乡村振兴建设过程。

藏马山居在政府主导与社会资本的共同加持下，实现了农民居住方式的转变。原本生活在此地的农民在就近的产业园区就业后，生活方式、工作方式都发生了彻底的转变，实现了真正的现代化生活。目前4个原建制村调整为藏马山居新村，开启了现代化新村的新历程。

## 四、景区、园区、社区共建，多业态的共治共享

从藏马山的发展历程可以看到，“政府引导＋国企主导＋市场运作”是其主要的发展模式。在市场活力带动下，藏马山不断调整其产业策略和发展路径，参与企业的实力逐步提升。在创建品牌战略下，发展了旅游度假新高地、文化影视新领域、现代农业新标杆、创新创业新空间、宜居康养新典范5大主导版块。在依托藏马山景区资源进行打造的同时，发展多样性园区，带动乡村社区建成，形成了景区、园区、社区三区共建的格局。

在政策扶持方面，依托《青岛西海岸新区关于打造都市郊区乡村振兴齐鲁样板示范先行区攻坚作战方案》（青西新办字〔2020〕47号），藏马镇的发展享受到了土地、资金、人才等关键要素的强力保障。在此基础上，研究制定了涵盖人才引进、医疗卫生、创新创业等7个领域的扶持政策，如出台《青岛西海岸新区藏马镇创新创业平台管理办法》，凡是符合入驻创业平台条件的创新创业大学生团队及个人，不仅可以享受五年房租、物业费、水电费、停车费等费用的减免，而且还会获得相关业务代办、整体宣传推介等一系列保障服务。同时，推广“智汇藏马”一网通办微网站，设立招商服务专线，一网通办解决了客户投资、创业、置业、旅游等许多需求。

在乡村治理方面，藏马山将乡村治理与“e管家”德育银行共享共治平台深度融合，根据群众在村庄资产资源管理、合同签订履行、租金缴纳等农村经济事务和人居环境、移风易俗、睦邻和家、公益奉献、自治守法等方面的表现情况，进行量化积分，并将积分情况作为兑换奖惩的依据，调动党员群众参与共享共治的积极性，逐步清理村庄资金陈欠、侵占集体资产资源等不良行为，进一步整合、盘活村庄的闲置资源，推动了村集体增收、村民致富，提升了村庄的整体软实力。

## 五、结语

藏马山居用产业振兴激活了“一池春水”，利用自然资源真正做到了从“绿水青山”到“金山银山”的转化，走出了一条极具借鉴意义的特色乡村振兴之路。藏马山居的成功是依托藏马山的多元产业为支撑，为村民提供了丰富的就业机会，在良好的制度环境下走出的一条可持续发展的路径。藏马山居所在的藏马山景区自

2008 年以来进行了大规模的开发建设，一、二、三产业齐动，面对长期、大规模的投入，仍需要以房地产项目进行驱动和资金平衡。因此，景区及周边的发展仍是以土地驱动的城镇化模式，这也是在未来发展中，需要引起我们警醒与思考的方面。

# 第三节
# 胶州市新型乡村——辛庄社区

## 村落名片

**名称：** 辛庄社区

**称号：** 山东省卫生村（2019）

**简介：** 辛庄社区是青岛市胶州胶北街道下辖的社区，位于街道南部，西侧紧靠深海高速，东南为胶州市北外环和西外环；是前湾港通往全国各地的主要通道，进出前湾港的货物大部分从此通过，距沈海高速公路胶南出口3千米。辛庄社区下辖逄家庄村、西庸村、水牛村和辛庄村4个村，覆盖范围5760亩，现已建成的迁新景苑小区占地150亩，为辛庄村回迁房和市场销售商品房。辛庄村历史上以农业发展为主，在改革开放后工业开始兴起，由于地处市郊，投资环境优越，以建筑、工商业为代表的第二、三产业逐步成为其支柱产业。

## 一、高盐碱地，耕种艰辛的胶州乡村

辛庄社区位于胶北街道北侧，距离胶州市区较近，西临沈海高速，东南为胶州市北外环与西外环，距离胶州站直线距离仅为4千米，距离胶东国际机场18千米，区位优势非常明显。辛庄社区地处河流冲积平原向东的延伸带上，属暖温带季风气候，夏季高温多雨，冬季寒冷干燥。其土壤盐碱较重，因而村庄分散，人口稀少，这种高盐碱地质一直延伸到大沽河东岸。中华人民共和国成立后，这种情况通过居民的开荒造地得到改善，但仍因受限于高盐碱地的原因，农作物比较单一，主要为小麦、玉米等。

根据2019年的《胶州市村庄布局概念规划》，辛庄社区下辖的4个村庄中，逄家庄村、西庸村、水牛村为搬迁撤并类村庄，辛庄村为城郊融合类村庄。这4个村庄的历史最早可以追溯到明清时期。逄家庄村位于胶州市北关办事处西北郊，东邻小王庄，南接辛庄，西北与胶北镇毗连，地势以平原为主，相传建村于明朝万历年间，距今已四百余年的历史，因逄姓立村而得名。西庸村坐落在胶州市北关街道办事处西北部，沈海高速公路从村西由东北向西南贯通，西临江北最大的花卉苗木基地——青岛市永存花卉苗木基地，东临中铁物流工业园，村南是胶济铁路线，北靠北岭。水牛村隶属胶州市胶北街道，相传建村于明初，以民间传说命村名。传说古代有一大湾，牧童在此饮牛洗澡，一共九十九头水牛，下到湾里即成了一百头；人们把牛涂以记号，结果发现多出一头水牛无记号，但要抓住这头神牛却毫无办法，立村后便以水牛命村。辛庄村原名新庄，相传乾隆五十年（1785年）高氏因逃荒迁入此地，这里距离胶州湾比较近，土壤盐碱含量高，少有人居住，因此杂草丛生；村民为了生计，一边开荒一边聚土拢盐，形成最初聚落，并取名新庄。后为了纪念生活的艰辛，便易名辛庄。1966年，辛庄村对部分盐碱地进行改造，种植水稻，人们生活才逐步改善；改革开放后，胶州市的经济发展带动了村庄的快速发展，大量耕地被征用，村集体开始发展第二产业。

## 二、交通便捷，城镇化驱动的新社区

胶州市位于东部沿海地区，农村人口多，村庄分布较为密集。随着城镇化进程的推进，特别是在城乡结合部，工业园区快速扩张，大量蚕食周边的村庄用地。随着村庄耕地的减少，村民们越来越多地进入工厂务工，村庄的物质空间也开始更新。

辛庄村紧靠胶北工业园。2000年，青岛市规划建设了一个占地面积10平方千米的工业园区，园区临近胶济、胶黄、胶新等铁路，青银（G20）、青兰（G22）、沈海（G15）等高速公路在此交汇，距青岛港40公里，距黄岛前湾港35公里，距青岛国际机场15公里。优越的地理位置和交通区位，使得园区快速发展，随之成为胶州北部高端装备制造和仓储物流中心的重要组成部分。至2013年，工业园区内已落户大中型企业500余家。胶北工业园征用了大量的村庄用地，带动了周边乡村的快速城镇化，也使得辛庄村的村居改造很快提上了日程。

辛庄社区是胶州市较早的村居改造工程，被纳入2015年省棚户区改造计划中。改造过程中，首先对辛庄村进行了拆除，在约1年半的安置过渡期间，政府给予村民每人每月200元的补贴。然后，通过原地新建的方式，建成了占地10公顷左右的新景苑，社区南侧是当地村民回迁房，共安置96户367人；北侧为对外出售商品房。村内的大多数耕地被企业占用，企业给予村民每年每亩1000元的补偿。辛庄村村民不仅在生活方式上，而且在从事的职业上也发生了彻底改变。

图6.6 集中安置的辛庄社区

2015年后，胶北工业园经济发展速度放缓，对周边土地的需求减慢，逄家庄村、西庸村、水牛村3个村的村居改造工程停滞下来。辛庄社区实际上只是一个社区治理的范围，辛庄与其他3个村的差别有如城乡差别：在资源占有上，不再拥有耕地；在职业上，不再从事农业生产；在生活上，实现了居住现代化的转变。同时，辛庄社区在乡村治理上也面临着巨大挑战（见表6.3）。

表 6.3　辛庄社区村庄情况统计表

| 村名 | 户数 | 人口 | 村域总面积（亩） | 村庄建设用地面积（亩） | 宅基地总数（宗） |
|---|---|---|---|---|---|
| 辛庄村 | 96 | 367 | 0 | 15 | 0 |
| 逄家庄村 | 305 | 973 | 1260 | 260 | 335 |
| 水牛村 | 435 | 1500 | 3000 | 300 | 435 |
| 西庸村 | 354 | 1450 | 1035 | 210 | 389 |
| 合计 | 1190 | 4290 | 5760 | 835 | 1274 |

### 三、城乡边界，景观混合的城郊住区

新景苑小区是典型的城郊融合类住区。小区周边被工业厂房和荒地所包围，既没有城市小区的整洁美观，也缺少乡村民居的田园风光。小区周围商业资源一般，距离大型商业中心较远，仅能满足居民的日常购物需求；周边配套设施相对短缺，特别是缺少医疗卫生设施。小区内绿化植被较好，绿化率达 35%，中心广场能满足人们的交流需求（见图 6.7），与城市景观特征差异不大。新景苑小区为多层，共计 40 栋楼；内部东西向道路将小区一分为二，路南为回迁房，路北为商品房。

图 6.7　辛庄社区住宅楼及绿化空间

### 四、分庭管理，多元割裂的城乡社区

城市边缘的城郊地区，一般是城乡社会空间的混合区域。辛庄社区作为一个城郊社区，兼具城、乡两类社会类型的特点，同时也是外来务工人员集中的居住区。新景苑小区的房屋出租率较高，外来务工人员较多，给社区治理带来了极大的挑战。在小区内，以东西道路为界呈现明显的隔离现象，社区管委会按照居住分区的方式

进行管理，南北两片区分别以北侧中心广场和南侧村委文化活动中心为中心，各自组织交往空间。

城郊融合类的社区，多是以空间居住形式上的完全集中为实现形式；作为一种新型社区形态，在治理上具有其独特性，现实治理中大都以传统村委自治为基础。首先，辛庄村村民虽然身份转变已有多年，但是依然处于村集体的社会关系中，失去土地资源后，以村集体红利方式领取补助，如果缺乏就业技能，往往容易陷入收入过低的窘境；其次，在工业园区的包围下，大量的租房需求给了村民谋生的可能，小区内出现大量的租赁房，随着人口密度和流动性的增加，社区的治理难度更高。

## 五、结语

辛庄社区是青岛新型乡村建设中具有代表性的一类——城郊融合类村改居，在景观上，其在具备相对完善的配套设施与郊区风光的同时，也伴随着工业污染与郊区的破败不堪。在社区治理上，虽然是 4 个乡村，但是发展过程中因各类现实原因，只实现了单村改居，因此两种村庄类型同时存在该社区中。同时，商品房的社会性与村改居的集体性也时刻发生着冲突，居民在此过程中出现了身份认知的迷茫，如何消除这种割裂与迷茫，是今后我们需要着重考虑的问题。

# 第四节
# 莱西市新型乡村——龙泉湖新村

## 村落名片

**名称：**龙泉湖新村

**称号：**中国人居环境范例项目（2017）

**简介：**龙泉湖新村，位于青岛市莱西河头店镇南。龙泉湖新村交通便利，毗邻龙青高速、沈海高速，距莱西市中心 30 分钟车程。龙泉湖新村生态环境良好、自然资源丰富，涵盖水库、河流、湿地等资源类型。其下辖河头店村、泥湾头村、高格庄村等 12 个自然村，总占地面积 24.10 平方千米，现常住人口为 1.04 万，公共服务设施健全，建有移民文化展示中心、社区党群文化活动中心、助老大食堂、田园综合体服务中心等。2019 年，龙泉湖新村集体经济收入 180 多万元。

## 一、安全优先，避险解困建库区村

莱西河头店镇为温带季风型大陆性气候，四季分明、气候温和；位于莱西市东北部，青岛市东北角；沈海高速、青龙高速在镇驻地设有出口。其镇域总面积 122 平方千米，辖 70 个自然村，人口为 4.38 万；全镇多为丘陵地形，西靠产芝水库、内辖高格庄水库，是一个以第一产业为主的农业镇，属于水源地保护镇。整体库区有移民村 13 个，占村庄总数的 18.6%；27 个库区的移民分散安置在不同的村庄中。

龙泉湖新村，位于莱西市河头店镇南，毗邻龙青高速、沈海高速，担负着镇行政中心驻地、城镇服务核心、农旅融合产业发展区、全镇生态安全格局的重要支撑点等职能。龙泉湖新村下辖河头店、东野、西野、杨家屯、东大里、西大里、山前、卞家、大河源、小里庄等 12 个村庄。517 国道贯穿整个新村南北，连接新村内所有发展区。

龙泉湖新村最初是为水库移民而建设的。2013 年，国家发改委、财政部、水利部推出了有关水库移民后期扶持工作的政策，即建立大中型水库移民避险解困试点。通过投入专项移民建房补助资金和基础设施配套资金，鼓励有条件的地方，对居住在容易发生地质灾害和洪涝灾害、居住条件差和低收入的移民实施二次搬迁，加强产业扶持，从根本上解决移民的生存和发展问题。河头店镇高格庄和泥湾头两个移民村位于高格庄水库东岸，地势低洼，如遇较大洪水，会危及群众的生命财产安全。经莱西市研究论证，结合河头店镇龙泉湖移民社区的建设，向国家申请在这两个村开展水库移民避险解困试点工作。2015 年，国家发改委、财政部、水利部等三部门联合批复了“莱西市大中型水库移民避险解困试点实施方案”。

在此背景下，龙泉湖移民社区开始进行建设。该社区选址河头店镇政府驻地南侧，高格庄水库东岸，蓬水路西侧，交通便利（见图 6.8）。一期工程于 2013 年开工建设，2015 年建成，主要安置泥湾头村移民群众的 5 栋居民楼、公共用房、社区服务中心、益民中心中学、商业网点、交通道路硬化和文化广场等；泥湾头村 154 户共 352 人，搬迁入住新居。二期工程于 2016 年开工，2019 年建成，安置高格庄村移民 539 户，共 1499 人。

两期工程共投资 168 亿元，占地 65 亩，建筑面积 6 万平方米，共建设 20 栋楼，700 套住房，安置 2 个村庄，各项基础设施配套完备，公共服务设施多元化。在搬迁过程中，龙泉湖社区还通过“一集中、两带动、三统一”策略，将合村与精准扶贫相结合，探索了以城镇化带动村民走长效稳固的脱贫之路。

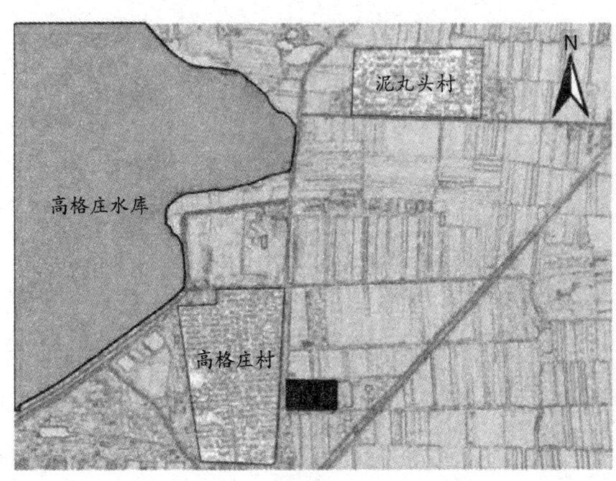

图 6.8　龙泉湖社区搬迁示意图

## 二、生态保护，集聚发展扩大社区

2021 年，河头店镇被确定为全国 300 个国家级全域土地综合整治试点项目的乡镇之一，是青岛市唯一入选该试点项目的乡镇，而龙泉湖新村则为莱西市河头店镇全域综合整治范围内的 4 个行政新村之一。龙泉湖新村各类生态要素齐备，其中水域、农田作为生态资源的主体，占总面积的 83%，是生态保护修复的重中之重，特别是该区域内的高格庄水库，是莱西市饮用水水源保护区。

在构筑城镇绿色发展根基的指导下，库区周边乡村向龙泉湖新村集聚发展。依据《莱西市村庄布局规划（2019—2035 年）》，引导村庄人口、产业、建设用地集聚，将具有一定关联的村庄纳入一个新型社区，整合资源，协同发展。河头店镇以库区移民社区为依托，将水库周边的 12 个行政村纳入龙泉湖社区中，建设龙泉湖新村，以集中建设来实现生态保护、生活改善、产业规模化等目标。

目前，龙泉湖社区三期、四期项目仍在持续推进中。2022 年，龙泉湖社区三期项目已经交付，总投资为 1.68 亿元，占地面积 60.7 亩，建筑面积 6 万平方米，配套建设沿街商业网点；安置了 3 个村庄，其中东大里庄 91 户，西大里庄 82 户，东野潴泊村 240 户。龙泉湖社区四期也已于 2022 年开工建设，总投资为 4.68 亿元，占地面积为 122.87 亩，建筑面积为 11 万平方米；其中住宅楼 25 栋，共计 884 套安置房，计划安置西野、山前、大河源、杨家屯、卞家、小里庄 6 个村庄共 1716 户。

## 三、土地集约，现代生活描绘新篇

龙泉湖新村在全域土地综合整治中，以新村建设用地整治为契机推动农用地的整治和生态修复。龙泉湖新村下辖的 12 个网格村建设用地面积共 4274 亩，人均建设用地面积高达 276.9 平方米，同时，村庄空心化、闲置率较高，近五分之一民房处于闲置状态；另外，还有闲置用地、工矿用地等。在新村建设过程中，配套的产业用地也进行了同步建设，土地的集约化率得到很大的提高（见表 6.4）。

表 6.4 龙泉湖新村村庄情况统计表

| 序号 | 村名 | 户数（户） | 人数（人） | 村域总面积（亩） | 村庄建设用地面积（亩） | 宅基地总数（宗） | 闲置宅基地（宗） |
|---|---|---|---|---|---|---|---|
| 1 | 河头店 | 640 | 1790 | 3000 | 1420 | 816 | 216 |
| 2 | 高格庄 | 539 | 1684 | 4000 | 300 | 530 | 5 |
| 3 | 西大里庄 | 82 | 220 | 520 | 48 | 85 | 12 |
| 4 | 东野渚泊 | 240 | 735 | 5000 | 300 | 294 | 106 |
| 5 | 东大里庄 | 91 | 237 | 500 | 100 | 110 | 10 |
| 6 | 卞家 | 291 | 903 | 3000 | 280 | 360 | 140 |
| 7 | 大河源 | 171 | 521 | 900 | 117 | 145 | 29 |
| 8 | 山前 | 249 | 773 | 2000 | 350 | 500 | 150 |
| 9 | 杨家屯 | 240 | 769 | 4000 | 300 | 244 | 62 |
| 10 | 小里庄 | 426 | 1216 | 1600 | 420 | 421 | 72 |
| 11 | 西野渚泊 | 300 | 989 | 1800 | 400 | 360 | 60 |
| 12 | 泥湾头 | 154 | 450 | 1014 | 239 | 169 | 5 |
|  | 合计 | 3423 | 10287 | 27334 | 4274 | 4034 | 867 |

通过基础设施和公共服务设施建设，龙泉湖新村居民的生活水平得到了全面提升。新村内不仅配套建设了占地面积 3800 平方米的社区文化活动中心、移民中学，文化广场、助老大食堂、商业网点，物业管理等公共服务设施也一应俱全。除此之外，还按照城市中的社区建设标准，实现了“双气入户”，这也是青岛市第一个采用空气源热泵技术供暖、第一个配套天然气的纯农村社区，且“双气”费用均不高于城区价格。同时，龙泉湖新村投入 1500 万元建设了移民文化教育培训基地，通过深挖移民故事、传承移民奉献精神，夯实了新村的精神文明。（见图 6.9）。

图 6.9　龙泉湖新村服务中心及配套小学

## 四、安居乐业，湖兴人聚产业升级

龙泉湖新村在产业建设发展中遵循“现代农业为主导，品质服务为支撑，先进工业为助力”的发展理念，采用盘活低效用地的方式，进行产业升级。龙泉湖新村位于省级田园综合体“龙泉仙草”的核心位置，重点升级发展了高效农业种植、田园康养、创意农业休闲等 10 个项目，推动了新村产业的提档升级；同时，积极与京东农牧、家庭农场、博莱丰物、沁楠香等现代种养、田园文旅产业等大项目进行合作。

同时，莱西创新农业发展模式也极大地促进了龙泉湖新村的产业发展。莱西市探索组建了由党组织主导成立，市、镇、村三级国有或集体资本控股的“共富公司”，围绕乡村振兴开展生产经营。三级“共富公司”共同建设的 25 个智能四季温室小西红柿大棚，2022 年为村集体增收 250 万元。村级“共富公司”也正在开展现代农业、物业管理、人力资源开发、小型乡村工程等配套服务，把资源的增值收益最大限度地留在了村庄，正在成为推进乡村振兴的新平台、新路径。

## 五、党建引领，莱西经验到莱西样板

莱西的乡村治理一直走在全国前列，并凭借“莱西经验”形成了“莱西样板”。其中，河头店镇已全面取消了社区管理体制，理顺了镇、村两级管理体制，龙泉湖新村也实现了书记、主任“一肩挑”，同步成立了新村党群服务中心，综合考虑户籍人口、历史沿革等因素，优化调整基层组织体系，将原来的 12 个农村党支部优化为 5 个网格党支部，纵向上构建了“新村党委—网格党支部—党员中心户”的党建新格局。

在日常生活管理中，网格党支部书记为队长，每栋楼都配齐了楼长、单元长、网格员；同时，在网格图上利用不同的字母定位党员、残疾人、贫困户等人群，定期进行走访。这些举措促进了新村居民的融合，以网格党支部为中心，以新区广场、文化活动室、助老食堂等为空间载体，促进村民的相互交流，培养了以党员为中心的新村凝聚力和新村的文化。

龙泉湖新村党委统筹并整合了区域内 22 家驻区单位，确定联建、共建事项，实现了事务共商、资源共享、互惠共赢；新村牵头成立了人力资源公司，通过分析就业渠道，筛选出可靠单位，选择密集型企业，定向输出剩余劳动力，拓展就业空间，在解决部分剩余劳动力问题的同时也降低了村民打工的风险，让离开土地的农民有了稳定的收入。

## 六、结语

近年来，莱西市将全市 861 个行政村优化为 80 个新村，行政村数量不到原来的 10%，使空间重构成为乡村振兴中的突破点。虽然龙泉湖新村建设的初衷是为了避险解困库区村搬迁而来，但是随着生态文明、乡村振兴战略的推进，结合村庄分类，龙泉湖新村已逐步发展为乡村社区重构的一个新样板，在空间、产业、治理格局等方面都发生了巨大的变化。在龙泉湖新村的建设中可以看到，村民的生活得到了实实在在的改变，对我国新型乡村的建设也起到了示范作用。在学习其经验时，我们必须注意到，龙泉湖新村的成功与其党建引领、乡村治理密不可分，成功的改革必然是顺应民心、为民办事的。

# 第七章 | 青岛的乡村振兴示范片区

2022 年，中央一号文件明确提出，要开展“百县千乡万村”乡村振兴示范创建，分级创建一批乡村振兴示范县、示范乡镇、示范村。同年 6 月，青岛市决定以建设乡村振兴示范片区打造全国制高点，市委办公厅、市政府办公厅下发《关于高质量建设乡村振兴示范片区的意见》，提出了遴选资源特色突出、基础设施完善、产业优势明显、组织坚强有力的片区，用 3 年时间集中打造 10 个左右的青岛市级乡村振兴示范片区，带动各区（市）建设 30 个左右的区（市）级乡村振兴示范片区。

# 第一节
# 崂山区乡村振兴示范片区——流清湾片区

## 村落名片

**名称：**流清湾片区

**称号：**中国乡村旅游模范村（2015）、中国美丽休闲乡村（2019）、全国乡村旅游重点村（2020）、青岛市级乡村振兴示范片区（2022）

**简介：**流清湾片区位于青岛市崂山区沙子口街道东南端，崂山山脉腹地，黄海之滨，该示范片区包括东麦窑、西麦窑、流清河、南窑、马鞍子5个村庄。该片区总面积约885公顷，其中社区建设用地约244公顷，农林用地551公顷，自然保护和保留用地90公顷，另有海滩20公顷。该片区枕山面海，共拥流清河湾分布，山、林、河、海、湾、村相依相融，生态环境优势突出，青山绿树，碧海蓝天，红瓦石墙，是崂山“山海村落”的典型代表。

## 一、山风海韵，文脉绵长

流清湾乡村振兴示范片区位于青岛市崂山区沙子口街道，崂山东南麓，地处崂山风景名胜区核心位置，流清河从片区穿越流入大海，是崂山南线旅游的必经之路，也是崂山旅游必游之地。该片区距地铁 4 号线大河东站仅 1 千米，通过地铁联系，可实现与崂山城区 15 分钟通达、青岛主城区 30 分钟通达。

片区坐落在“峻秀横天东，下插沧海高凌空”的崂山东南麓，西枕海上仙山崂山，东临碧波万里的黄海，山上绿树郁郁葱葱，怪石嶙峋，梯田茶田错落有致；山中顺着沟谷，红瓦石墙的村落层层叠叠铺向海边，7 条河流从村中缓缓流入大海。该片区海湾岸线蜿蜒曲折、沙滩细软，片区内老公岛和鲍鱼岛犄角相对；在“山海相依水连天，万里银波云如烟”中，流清湾居民安居乐业，游客流连忘返（见图 7.1）。

图 7.1　流清湾

山上大量的花岗岩为村民提供了丰富的建材，以石头筑屋铺路、营园造景，采石加工也成为村民赖以生存的行业之一。另外，流清湾的墨窑文化也具有很高的知名度。明末清初李氏迁村至此，在山上发现了古人建造的熏制松烟的窑，松烟墨浓黑无光、入水易化，从此有了墨窑，即现在的东西麦窑。该片区内 5 个村有 3 个与墨窑有关。流清湾片区村民主要从事打鱼和海上垂钓，传统的海上捕捞作业沿袭至今。

## 二、仙居崂山，一枝独秀

2021 年，青岛在宜居宜游城市竞争力排名中位列全国第 2，在游客满意度排名中位列全国第 6，在旅游投资热点城市排名中位列全国第 10。青岛是国内外知名的旅游城市，崂山是青岛旅游的必到打卡地，也是青岛人常去的“后花园”。

东麦窑社区旅游发展起步较早。20 世纪 90 年代，随着崂山旅游的热度，东麦窑就充分挖掘优势资源，明确发展思路，以石头老屋为载体、景观美化为保障，大力发展乡村旅游。在最初的自组织式发展阶段，村居风貌原始质朴、配套设施不足，民宿和渔家宴良莠不齐。后来，在村党支部的牵头带领下，东麦窑社区于 2014 年成立了麦窑旅游发展公司，开展了多方面、多层次的融资工作，与崂山旅游集团合作，由崂山旅游集团开发运营，依托崂山风景区大旅游平台的丰富资源，聘请中央美术学院人才进行高端设计装修，以当地“福”文化为出发点，对居民闲置老石头房进行装修改造和提升，实行公司化运作，并成功打造了“仙居崂山”的主题民宿。

2016 年，在良好的发展态势下，村里进行了青岛市第一个“美丽乡村”EPC 项目，全方位进行景观设计，融入本土景观元素、增强仙家山海意趣（见图 7.2）。为创造良好的游客体验环境和居民生活环境，社区设立固定垃圾收集点，有专职环卫人员负责村内外垃圾杂物的清理；同时，加强监督管理和宣传力度，提高村民环保意识，提升村庄的宜居环境。东麦窑社区配建了完善的污水处理系统，对全村污水统一进行网格化处理，确保环境不受污染。同时，为保证提高居民的生活质量，为游客提供便利的交通，社区委员会对主要街巷进行了初步整修，加强道路硬化建设，改建后的社区道路干净整洁；同时，为了保证雨季的排水畅通，对河道进行了疏通和清理。东麦窑社区还配备了面积 150 平方米的社区医务室，配有 1000 平方米的公共活动及健身场地，配套建设了便利超市，为村民的日常生活和休闲活动带来了便利。随着东麦窑社区配套设施越来越完善、环境品质越来越高，东麦窑也成了著名的网红村，每年约有 4.5 万游客慕名而来。东麦窑社区的旅游资源得以快速开发，一些民宿品牌也加速崛起，东麦窑村在实践中走出了一条“山海一体、农旅结合”的乡村振兴之路。

## 三、颐养消闲，抱团发展

流清湾片区党支部坚持发挥党组织的示范引领作用，力求改变单村“一枝独秀”的格局，并打破相近社区资源类似、产业雷同、同质竞争的发展瓶颈，推动片区“抱团发展”，刺激区域产业“链式反应”。

首先，以街道为主体，制定片区产业策划，完成了流清湾滨海度假风情带的整体策划设计。按照“整体规划、连片发展、一村一品”的原则，充分挖掘流清河片

图 7.2　流清湾乡村振兴示范片区

区滨海度假旅游资源优势，以崂山路为主轴，经沙子口 1 号慢行步道，串联东麦窑精品民宿、西麦窑特色民宿、流清河婚纱摄影和夜景观光、东麦窑大湾自然村渔耕展示、南窑河口汽车营地、南窑幸福村啤酒海鲜餐饮等多元业态，形成了以魔方公园和沙滩浴场为中心的多业态、全天候运行的商业综合体。

其次，企业经验，品牌管理。流清河、东麦窑、西麦窑 3 个社区与社会资本共同成立了流清湾产业联盟公司，公司注册资金 2000 万元。该联盟公司统筹规划文旅产业布局，3 个社区分别成立公司加盟参与运营，保证社区每年得到不少于 40 万元的稳定收益，为社区解决了 200 余个就业岗位。通过平台化运作，进一步规划高端民宿、婚纱摄影、土特产购物一条街等旅游体验项目，拉长了区域化产业链条，开辟了富民增收新路径。

流清湾片区以独特的人居环境和文化底蕴成为旅游度假的胜地。该片区以美丽庭院入手，对民宿进行了升级改造，擦亮了“麦窑海鲜”的美食品牌；2018~2020 年，东麦窑社区共建设美丽庭院示范户 4 户，西麦窑社区共建设 50 户，南窑社区共建设 84 户，流清河社区共建设 9 户（见图 7.3）。同时，完善休闲娱乐项目，围绕流清湾海水浴场及海上娱乐项目展开的魔方公园已正式运营，沙滩基础配套设施建设已基本完成，拓展了流清湾沙地运动、婚纱摄影、魔方露营文化公园、房车基地、研学旅游等新业态，结合精致农园开展了休闲采摘游活动。

图 7.3　流清河社区、西麦窑社区实景

## 四、乡风文明，治理有效

民风淳朴、有效治理是流清湾片区发展的精神内核，在抱团合力发展的同时，共建精神文明对片区的长远发展更为重要。以社区文化氛围营造为抓手，首先抓好硬件设施，通过新时代文明实践站积极开展文明实践活动，片区内各个社区都建有文明实践站，总面积达 230 平方米；每个社区都建有免费图书室、文化广场，文体设施齐全。其次，积极开展特色活动，成立了合唱队、舞蹈队等多支文艺队伍，并在社区活动中心相继开办交谊舞、素描、健身秧歌、模特等学习班，每年举办文化、健身、法律等各类专题讲座，不断提高乡村的社会文明程度。最后，建设“福地孝贤”文化品牌。崂山福地的颐养文化、回归山海的休闲文化与社区居民的孝贤文化充分结合，发挥其在凝聚人心、淳化民风中的重要作用，从乡风文明走向服务文明。2021 年，东麦窑社区党支部在自治、德治、法制的共同建设下，被授予全国先进基层党组织称号。

## 五、结语

我们从流清湾乡村振兴示范片区建设中可以看到，在一样的自然禀赋下，不同的集体组织发挥的成效也是不同的。东麦窑社区的一枝独秀为流清湾片区的发展既奠定了基础，又起到了模范带头作用，这正是乡村振兴示范片区的意义。“美丽乡村”是乡村个体的发展模式，随着乡村的全面振兴，必然能跨过“规模经济”发展的门槛，而青岛的乡村振兴示范片区正是从乡村的个体发展走向乡村群发展的积极探索与大胆创新。在青岛市颁发的《关于高质量建设乡村振兴示范片区的意见》中明确了建设乡村振兴示范片区的建设目标、建设程序、重点任务、保障措施等，从组织领导、资金政策、监督考核等各个方面都给予了可量化的目标，在此推动下我们有理由相信青岛乡村振兴的明天会更好。

# 第二节
# 西海岸乡村振兴示范片区——杨家山里

## 村落名片

**名称：**杨家山里

**称号：**山东省景区化村庄（2021）、青岛十大市级乡村振兴示范片区（2022）、山东省红色文化特色村（2023）

**简介：**杨家山里位于山东省青岛市西海岸新区铁山街道西部，被铁橛山、月季山、卧牛山三山环抱，内有九龙溪、山里河两河穿梭，东北紧邻铁山水库，生态资源优渥。山里河将黄泥巷、墩上、上沟、东南崖、墨城安、西北庄、大下庄、后石沟 8 个村庄串联起来，总面积 11.5 平方千米，因当地居民 90% 以上姓杨，故称之为“杨家山里”。该片区三季有花、四季有果，时至四五月，花潮盈谷，犹如人间画境，亦是天然的疗养胜地与天然氧吧。杨家山里片区富集了齐长城文化、红色文化、库区移民文化、山居文化等文旅资源。

## 一、人间秘境，画中红村杨家山里

杨家山里乡村振兴示范片区位于山东省青岛市西海岸新区中部，隶属铁山街道。该片区地处北温带季风区内，属于暖温带半湿润大陆性气候，空气湿润，四季分明，具有春寒、夏凉、秋爽、冬暖的气候特征。其对外交通便利，距离青岛市中心 40 千米，距离青岛西客站仅 8.5 千米，距离青岛胶东国际机场 53 千米，国道 G341 穿越杨家山里片区、同时临近国道 G204、G15 。

从地形地貌来看，杨家山里片区海拔在 60～550 米之间，地形变化丰富，地理条件多样，整体地势呈现出南高北低的趋势：铁橛山、月季山和睡牛山将其环绕，中部为群山环绕的谷地。因三面环山，片区四周的坡度大，中间平缓，故其生活空间主要集中于中部。丰富的园地和耕地资源分布在片区内除村居点以外的其他平坦地带和缓坡地区。该片区的水系资源丰富，九龙溪、山里河等主要河流为自南至北流向，北侧为铁山水库，境内还有若干小型水库零散分布。杨家山里村庄建于山坳之内，流水自高处而下将各个村庄蜿蜒串联，形成了“背山聚气，面水纳气”的格局，沿承了古代人民的建筑智慧。田园里的绿色蔬菜、地头的各色鲜果、自家养的鸡鸭鱼鹅，共同绘制了一幅“原山原水原生态、原汁原味原生活”的乡间美景，让人流连忘返（见图 7.4）。

图 7.4　杨家山里的春天

杨家山里的历史最早可以追溯至距今4000年前的龙山文化。2016年，考古专家在干涸的铁山水库库底发现了面积约为3万平方米的龙山文化遗址，遗址地表文物丰富，大量打砸器、红烧土、陶片、鼎足等文物的发现，证明这里当时不但是居住区，而且是一处大型制窑中心。公元前1044年，齐国于此封土建国，春秋时期为防御外敌入侵、巩固后方、增强国防能力，齐桓公开始修筑长城。齐长城杨家山里遗址始于月季山东岭，止于大下庄北山，总体呈东西走向，墙体为土（砂）石混筑，内部用夯土筑成，两侧用石块垒砌，充分体现了齐长城就地取材、因地制宜的砌筑特点（见图7.5）。

图7.5　杨家山里月季山东坡段齐长城

杨家山里除了悠久的中华传统文化外，还具有震撼人心的红色文化，这里是中国共产党在抗日战争和解放战争时期重要的红色根据地。1937~1945年间，百姓自发组织成立了“团练”，并在中国共产党领导下，筑成了拖不垮、打不烂的“红色长城”。近年来，杨家山里对“活历史”进行抢救式挖掘，拜访杨凌波、陈炳毅、陈济连等革命先辈后人，走访杨家山里老党员、老战士、老干部共98名，收集整理了革命事迹、故事共56个，用时半年编制完成了30万字的《烽火杨家山里》。除此之外，还定期举办杨家山里红色历史研讨会、杨家山里红色文化进校园等活动，多样化地开展红色教育。同时，以抗日战争展厅为中心，在周边打造了一系列的历史遗址现场教学点，放大了红色教育效应。

图 7.6　杨家山里上沟村青岛工委活动旧址

## 二、樱桃独秀，设施完善渐进发展

杨家山里目前发展势头良好，但是景观与文化资源的高效利用并非一蹴而就。最初，因位置偏僻、交通闭塞、耕地缺乏、无产业发展基础，杨家山里的经济发展较为落后。杨家山里的开发历程是从一棵棵樱桃树开始的。杨家山里片区涵盖 8 个村，约 19 平方千米，林地、园地和耕地的面积构成分别为 48%、36% 和 16%，山地和林地占绝大部分，种植了大量的枣、樱桃、杏、梨、李子等果木，而尤以樱桃为盛。杨家山里的樱桃种植已有 600 余年的历史，在长期的种植过程中形成了一套独特的种植方法，此地的樱桃个大且味道香甜；再辅以乡村景色与气候的加持，非常适合发展采摘业。最初，杨家山里的居民只是发展了小规模的樱桃采摘业，且由于宣传途径有限，鲜有人知。自从 2003 年开始举办樱桃采摘节，才开始逐渐传播开来。前期，只是当地居民开设了一些小型餐馆以供来此采摘的游客停留休息，但因为没有明确的采摘路线、无处停车、村内卫生条件不好诸多问题，没有形成足够的吸引力，因而来此地的游客大多采摘完后便离开。2014 年，铁山街道在黄泥巷、上沟、墩上等多个村庄开展综合环境整治，对马路、河道、房屋等进行改造升级。经过第一轮开发后，杨家山里的客流量呈倍数增长，居民的生活日渐好转。之后，杨家山里又先后累计投入 1.6 亿元，对 8 个村庄间进行“一路一河”建设，极大缓解了三个村的道路拥堵问题和停车难问题，还催生出了更多的樱桃园，成了远近闻名的樱桃之乡。目前，“杨家山里樱桃”国家地理标志已获得认证通过。

## 三、市场运作，百花齐放竞芬芳

赏樱花、摘樱桃催生了杨家山里旅游及相关产业的发展。2019 年，青岛市融源杨家山里投资发展有限公司成立，以规划先行做好顶层设计，开启了杨家山里市场化的运作之路。专业规划团队对 8 个村进行统一规划，依照景区标准进行建设，打造了以上沟、墩上、黄泥巷三村组成的核心区，主打“原山原水原生态、原汁原味原生活”；以东南崖村为核心区建设了杨家山里红色教育基地；以后石沟村为核心区建设了乡村影视基地。三大发展主题奠定了今日杨家山里的发展格局。

稳步发展农业，成立土地合作社，把农业资源作为发展乡村文化旅游的第一要素。引导、组织村民加入土地管理合作社，规模化发展农业。引进杜鹃园艺有限公司，打造了 500 亩的杜鹃花海，引进了 300 个品种 80 万株杜鹃花；逐步实行农业园区化、景区化，把农业作为重要的旅游资源要素，发展景观农业、体验式农业，成为具有特色的旅游景区。同时，与国内多所农业大学、科研院所合作，引进优质樱桃品种进行科学种植，引导农民种植高产、高附加值品种，并逐步开发樱桃果味啤酒、樱桃果酒、樱桃酱、樱桃果脯等深加工产品，进一步提高了农产品附加值。片区内的 600 亩茶叶园，是原胶南“南茶北引”试种成功地之一，产量不高但品质上乘，其中的秀兰茶被评为青岛十大名茶之一。另外，杨家山里引入社会资本 3000 万元，提升建设了越界山冰雪大世界、齐长城月季花谷等项目。

传承红色精神，以红色教育、旅游推动乡村振兴。红色文化是杨家山里的宝贵财富（见图 7.7）。2019 年 7 月，杨家山里红色教育基地建成并投入使用，让这片传统的革命老区成为红色旅游的热土，红色旅游的发展又加速了历史、文化和生态资源优势转化为经济优势的步伐。除东南崖村红色旅游教育基地外，上沟村也有 600 多年的历史底蕴，红色资源较多且保护完整，村中部有 20 余处人民公社时期统一规划建造的民居，由青砖、青瓦和土坯建成，外墙上印有 20 世纪 70 年代的标语及建房时间，保存很好，有很强的时代气息。

后石沟村则积极发展影视产业，建设影视基地。后石沟村是库区移民村，位于水库以北，山清水秀，自然环境独具魅力。早在 1975 年，电影《库区人民学大寨》就在后石沟村进行了拍摄。2019 年，为了电视剧《温暖的味道》的顺利拍摄，杨家山里各方筹措资金 3000 余万元，打造了影视一条街、大槐树、明清四合院、谷仓、淘宝商店等多处影视场景。此后，陆陆续续又吸引了多部电视剧在此进行拍摄。目前，仅影视基地这一项，后石沟村集体年收入就能增加 50 多万元。

图 7.7　杨家山里红色教育基地

杨家山里深化三产融合，建设了 21 家专业合作社，撬动社会资本 6 亿元，提升了 300 亩以上的产业园 14 个，构建起了“产业园区 + 农户”的产业链模式。同时，驱动一、二、三产业融合发展，吸引了乡村共创学堂、田园客栈等 15 个重点项目落地，把闲置房屋打造为 50 余处民宿；对片区绿色生态农产品进行统一收购、包装推介、精深加工等，推出了樱桃酒等多种特色农副产品，带动村民稳定就业 350 人、灵活就业 730 人，年产值 4000 万元。

## 四、修旧如旧，原色山水原真乡愁

杨家山里村于明洪武二年建制，有600多年的历史，古墙、古道、古树、老屋、老农、老院落等文化资源丰富，古风盎然。在规划之初，杨家山里即确立了核心区三村主打“原山原水原生态、原汁原味原生活”的返璞归真的建设思路。在发展过程中，杨家山里并没有进行大拆大建，而是保留了山村原有的肌理，利用好存量建设用地，采取微更新、慢建设、出精品的方式，把依山傍水的山村打造成原山原水的世外桃源。村民的老宅院统一进行了民宿改造，尊重原有的建筑布局，传承老民居的样貌，使老民居以拙朴厚重的独特气质散落在现代民居间。在老民居基础上打造的农家宴、民宿、传统手工作坊等，给人以情真意切的真实感，以其浓重的乡土味吸引着四方来客。

近年来，杨家山里片区累计投入 4 亿元用于生态修复和综合环境治理。对 7 万亩山林进行土地综合整治和生态修复，对河道沿线和山体沿线进行生态景观治理，打造了全长 9 千米的风景长廊。在片区开展垃圾分类、污水处理、厕所改造等工作，打造了 3 处污水处理模块，建成 1 处具备厨余垃圾就地无害化、资源化处置能力的堆肥与环保酵素利用示范推广基地，有 4 个村庄入选了青岛市生活垃圾分类示范村。另外，还建设了山里河两岸的田园风光带，启动了绿化、亮化、硬化工程，建设了生态停车场、公共卫生厕所等基础设施。特别是在河岸修复过程中，采用了当地石头进行砌筑护堤，当地木头制作扶手，乡村生态的原真性处处可见。如今的杨家山里花果满山，到处呈现出一派宁静、祥和、悠然的景象。

在配套设施上，杨家山里已建成图书角、文化室、小院课堂等文化设施共 30 余处。片区内 8 个村实现了新时代文明实践站点的全覆盖，打造建成了集图书阅读、文化展示、党建学习等功能于一体的文化阵地。

在 2021 年度青岛市农工委组织的青岛市市级田园综合体中期评审中，杨家山里田园综合体在 25 家单位中以最高分被评为第一名。杨家山里的绿水青山不仅是其景观资源，更是努力打造的绿水青山品牌。 近年来，“杨家山里”的名声越来越响，年游客突破 20 万人次，春季赏花、夏季吃果、秋季品味、冬季滑雪，一年四季游人不绝，大大提高了杨家山里村民的收入水平。

## 五、“乡雁”模式，多层并进治理模式

在社会治理上，杨家山里建立了属于自己的“乡雁”模式。组建了青年农民联合会，每年确定 60 名种植户和 30 名村委后备干部作为“乡雁”骨干人选；依托乡村共创学堂、田间课堂等平台，先后邀请 32 名专家现场授课，致力于培养一支“懂农业、爱农村、爱农民”的农村人才队伍。同时，以乡情乡愁为纽带，实施“引凤还巢”计划，让人才反哺乡村振兴，与高校签订乡村振兴实践基地等。另外，杨家山里还充分发挥招商专班、异地商会、引才工作站的作用，积极做好服务，进行引才回乡贷款贴息、税费减免等政策的落实，吸引了 20 余名优秀人才返乡创业，形成了“头雁领航、乡雁奋飞、群雁齐鸣”的良好效应。

## 六、结语

杨家山里乡村振兴示范片区取得了夺目的成绩，形成了以“绿色”为底、“红色”为源，走出其独特的发展路径。红色文化底蕴和红色樱桃为其发展提供了持续的动力，绿色山水和绿色产业是乡村振兴的基础保障。在其发展过程中没有轰轰烈烈的

开发建设，看不到社会资本的大刀阔斧，漫山遍野的花海、茶田就是发展的推动力，山水原色中若隐若现的精致标识才让人意识到开发的痕迹，真正实现了农业发展的主体性、乡村建设的原真性、社会治理的自主性。

# 第八章｜青岛的乡村发展特点

近年来，青岛市乡村振兴建设成效显著，本书根据青岛乡村的特色，将其分为五类，从典型案例的历史沿革、环境建设、产业经济、组织管理等方面进行分析与解读，总结其发展特点，明晰其未来发展方向。

# 第一节 传统村落

传统村落是青岛乡村中最为独特的一类，因其拥有丰富的自然地理和历史文化资源，呈现出独特的农耕海牧的文化景观。目前，青岛仅有 54 处传统村落和特色村落进入市级保护名录，百分之一的留存概率使其文化价值和旅游价值更加凸显（见表 8.1）。青岛的传统村落在空间分布上呈现出“海、河、山”集聚的特征，主要分为海岸带传统村落带、胶莱运河传统村落带和大泽山传统村落群等；可以看出，传统村落主要位于即墨、崂山和西海岸三个区，其中以即墨的乡村历史底蕴最为深厚，故进入名录的近 50% 的村落位于即墨。

表 8.1 青岛市历史文化名村、传统村落、特色村落名录

<table>
<tr><th>类别</th><th>辖区</th><th>村庄名称</th></tr>
<tr><td>历史文化名村（1 处）</td><td>即墨区</td><td>雄崖所村</td></tr>
<tr><td rowspan="5">传统村落（12 处）</td><td>即墨区</td><td>雄崖所村、凤凰村、李家周疃村、南里村、西枣行村、周戈庄村、 金口村</td></tr>
<tr><td>崂山区</td><td>青山村</td></tr>
<tr><td>西海岸区</td><td>西寺村</td></tr>
<tr><td>胶州市</td><td>玉皇庙村</td></tr>
<tr><td>莱西市</td><td>西三都河村、宫家泽口村</td></tr>
<tr><td rowspan="3">特色村落（42 处）</td><td>崂山区</td><td>雕龙嘴村、东麦窑村、登瀛村、双石屋村、唐家庄村、港东村、沙子口村、五龙涧村、会场村、解家河村</td></tr>
<tr><td>城阳区</td><td>棉花村、山色峪村</td></tr>
<tr><td>西海岸区</td><td>上沟村、七宝山村、灵山岛十二村、后河东村、王台北村、长阡沟村、城口子村、鱼鸣嘴村、九上沟村、甘水湾村、顾家岛村</td></tr>
</table>

（续表）

| | | |
|---|---|---|
| 特色村落（42 处） | 即墨区 | 北芦村、南芦村、北颜武村、北阡村、中间埠村、大欧村、西姜戈庄村、里栲栳村、外栲栳村、中王村、鳌角石村、向阳庄村 |
| | 平度市 | 所里头村、涧里村、秦姑庵村、东高家村、谭家夼村、韭园村 |
| | 莱西市 | 刘家埠子村 |

本书以雄崖所、凤凰、青山和周戈庄 4 个村庄为例，详细描述了最具代表性的海洋传统村落的保护与发展。资源激活该类村庄是目前发展面临的主要问题。雄崖所和凤凰村历史资源保护得最为完整，但是因远离即墨和青岛城区，交通不便，因而旅游热度并不高；青山村凭借独特的山海自然资源和崂山旅游度假区的亲缘关系而得以蓬勃发展，在强大的市场需求拉动下，青山村的发展呈现个体“草根”活力；与青山村不同，周戈庄地处滩涂岸线，以渔业资源为主，集体经济呈现出多元性特征，节庆活动更是将其发展推向了新的阶段。

许多传统、特色村落之所以历经百年而得以传承，主要是因为其偏僻的地理位置、不便的交通和落后的经济。然而，这些不利因素也是今天制约着村落发展的主要原因。传统村落因具有物质形态和非物质文化遗产上的独特性，具备了转化为商业资源的天然优势，所以在谋求乡村振兴路径时，旅游业就会成为振兴传统村落的首选产业。政府从保护出发的“筑巢引凤”难以满足市场需求而导致旅游产业不尽如人意，而商业运作又容易将传统村落的遗产迅速变现为资本和利润，从而导致村落景区化、生活表演化和文化符号化等现象。所以，与所有乡村的发展一样，培育乡村发展的内生驱动力，培养“造血”能力更为重要。

同时，青山村独特的发展优势让其无需社会资本，仅靠网红经济就得以蓬勃发展，但是强大的旅游市场需求远大于村落旅游服务供给，导致其在旅游服务的“野蛮”生长下，出现了仅有民宿、渔家宴数量的增加而无高品质服务的综合提升的局面。长此以往，注定会因难以形成稳定高质的旅游服务供给而造成市场份额的流失。不仅如此，青山村的品牌价值更多的是反馈于农户个人，对青山村的风貌维护、道路修缮、设施提升等公共投入回馈较小，难以形成公共价值回报，不利于历史文化资源的保护。青山村强劲的“草根”经济培育了村民更强的自主意识和经济意识，但是集体意识相对单薄，故发展至今仍难以形成青山旅游品牌，社会资本也很难进入。与此同时，周戈庄利用海洋信仰，将海洋信仰转化为公共节庆，实现了从海洋养殖到旅游发展的产业转型，其发展路径更多地依赖“头雁”的带领作用，村民的活力和自主发展意识较为薄弱。这是在乡村发展中经常遇到的两种发展类型，如何扬长避短，使集体和村民都能更多地投入乡村发展中，推动乡村更好地发展，是需要在未来的乡村发展实践中不断探索的课题。

另外，是不是所有的传统村落都要选择旅游业作为支柱产业，有没有更好的发展路径，这些仍是需要不断探索的问题。

## 第二节　海洋特色渔村

根据《中国渔业统计年鉴》数据显示，我国目前拥有的海洋渔村分布于沿海 14 个省与天津、上海 2 个直辖市。我国海洋渔村的总体数量自中华人民共和国成立以后呈现稳步上升的态势，并在 1995~2000 年达到峰值。但这一态势并未持续太久，进入 21 世纪后，渔村数量开始缓慢减少，平均每年减少 33 个左右。截至 2018 年底，我国有 69 万个行政村，其中海洋渔村仅为 3663 个；海洋渔业人口约占我国总人口的 4.0%，从业人口则更低。同时，在我国公布的《中国历史文化名镇名村》名单中，历史文化名村共计 487 个，其中海洋渔村仅 11 个，占总数的 2%。由此可以看出，海洋渔村是非常独特的文化资源，青岛应予以保护与重视。

随着青岛城镇化进程的推进，海洋渔村正在逐步减少。从近年来的媒体报道中可以看到，即墨田横岛上的 10 多个小渔村、西海岸凤凰岛上的著名渔村鱼鸣嘴等诸多渔村已相继消失。海洋渔村是青岛海洋文化中最具特色的代表，但是随着海水养殖产业的发展，再加之谋生方式的多样化，愿意从事海洋渔业的人越来越少，因此本地渔民的数量也越来越少。海洋渔业已然完成了从传统渔业到现代渔业的转型，正从单一的海渔捕捞走向多元化。目前，诸多海洋渔村的发展状态仍良莠不齐，“渔业 +”是现代渔业典型的产业模式，如王家台后村已完成了“渔业 + 旅游”的转型，并正逐步走向了“渔业 + 数字媒体”的新业态；而港东村、灵山岛等村的主导产业仍以海渔养殖为主，旅游业刚刚起步。

随着海洋经济的发展，人口、城市在海岸带的集聚，海洋渔村正面临被快速城镇化的威胁。因此，以活化的方式保护这些渔村，不仅保护渔村的空间风貌不被破坏，还应积极促进海洋传统渔业的作业方式的传承，使青岛海洋文化的完整性得以保护。海洋渔村靠近海岸，极易受到气象灾害的侵扰而极具风险性，海上作业更是风险重重，因此渔业、渔民、渔村的保护应该是产业转型、生产工具提升、人居环境改善等多维度的系统保护工程。在此过程中，从“渔业+”到“渔文化+”的产业升级是其重中之重。

## 第三节 “美丽乡村”

2016年以来，青岛市先后制定出台了《青岛市农村新型社区和“美丽乡村”发展规划（2015—2030年）》《青岛市乡村振兴战略规划（2018—2022年）》《青岛市美丽村居建设行动实施方案》和《青岛市合村并居规划编制导则》，根据村庄发展的不同特点有序地推进乡村振兴，开展市级美丽村居建设试点工作，以探索多样化的美丽村居建设的“青岛模式”。截至2022年，青岛共建成了27个省级、100个市级“美丽乡村”示范村，改造、美化微景观1.8万处，提升了农村1056个新型社区服务中心。

青岛有很多类型的乡村，也正在进行着乡村振兴示范区的建设，而“美丽乡村”实际上是为大多数村民幸福生活而进行的保底性乡村建设。虽然青岛遵循“五美融合”（生态美、生产美、生活美、服务美、人文美）的理念打造生态宜居的“美丽乡村”，但是实践中“美丽乡村”建设更多的是对人居环境的改善与提升，以保障农民基本的生产生活秩序。

本书中记录了3个“美丽乡村”的样板，分别是明村东村、“红色”河崖村和大沽河埠止头村，3个村庄代表了普遍意义上的“美丽乡村”，也展现了青岛一般乡村的真实发展境况。在进行示范村、示范片区、示范镇的建设过程中，各级政府都投入了财力给“美丽乡村”的建设，最直接的投入即为村容村貌、环境整治、配套设施等方面的逐步完善，并以此扩大了集体的凝聚力和带动了农业生产的积极性。虽然“美丽乡村”的建设已经逐步从“点”扩展到了“面”，惠及了越来越多的乡村，但是由于财政力量有限，很难实现区域全覆盖。因此，在乡村改革的背景下，未来青岛的“美丽乡村”建设的重点应该逐步转向新型乡村社区建设，通过规模经济实现建设效率的提高。

青岛正努力把现有的“美丽乡村”示范区取得的经验推向其他乡村建设中，这是农村现代化的奋斗目标。为实现农业农村的现代化，推进乡村的共同发展是必然的过程，在此过程中，我们正从“重点示范”走向适度规模集聚后的“村村示范”，这个过程不可能一蹴而就，更不可能仅依靠政府财力来解决，必须从乡村发展的内生动力入手，实现乡村主动的更新。

## 第四节　新型乡村社区

从人类聚落发展的规律可以看出，人口不断向城市集聚，乡村数量逐步缩减。因此也不难看出，新型乡村社区具有某种历史必然性，青岛在推动乡村振兴的过程中也必然会催生更多的新型乡村社区。青岛的新型乡村社区建设主要有 3 大模式，即城镇化模式、外生模式和新农村模式。其中，分布最广泛的是城镇化模式。随着城镇化的推进，不仅在生活空间上已经融入城镇，居民的传统观念也向城市居民转变，生产生活方式都发生了变化，其中较为典型的例子就是辛庄社区；外生模式是由于社会资本的介入导致生活方式发生变化，改变了原有的农村居住模式，获得的补偿较多，在生活质量提升的同时，又分为生产方式改变的外生模式和生产方式未改变的外生模式，如藏马山居新村；新农村模式是由于在乡村集体内部经济的带动下生活方式发生了变化，虽然还保持了与农业生产高度相关的生产活动，但是改变了原有的农村居住模式，如龙泉湖社区。

乡村一般都具有“大组织，小市场”的特征。“大组织”容易形成“自上而下”的政策性搬迁，可能会导致舆情的发生；同时，“大组织”也是乡村持续发展的动力源泉和强有力的基层组织，可以从产业、文化教育、教育养老、生活方式等多维度、多视角、多层面对村民进行引导，从而带动村民从富起来到幸福起来。莱西模式就是一种“大组织”模式，从组织重构开始探索，形成了具有地方特色和优势的乡村振兴路径。其他村庄在发展时，要在积极借鉴、学习莱西经验的同时，结合自己的实际情况，给予灵活的调整周期，坚持形成有自己特色的差别化的路径；可以是“一村一社区”，在合理的规模引导和服务半径下，通过整合现有乡村形成新的农村社区；也可以是“多村一社区”，结合村落发展实际，通过长期建设形成更为合理的、有活力的乡村社区。对新的乡村社区的布点，要结合道路交通结构、产业发展体系、基础设施配套、生态环境保护等方面合理进行。

“小市场”是乡村的另一特征，平度、莱西的大部分乡村是“小市场”模式的代表。现实中，很多新型乡村社区很容易因为城镇化和外来资本的介入而导致“无产业”。由于村集体自身经济实力较弱，在村庄自身无法形成市场的情况下，就需要引进外来资本。因此，在新社区的建设过程中，耕地补偿、物业管理费、配套设施、再就业等问题就会逐步浮出水面，村民的诉求往往需要政府出面协调，由此带来的社会问题也较多。同时，搬入新兴乡村社区后，村民的生活方式发生了改变，生活成本相应增加，更需要完善的社会保障体系的支持。因此，应该在基础的交通、医疗、养老、教育等重点领域，深切关注社区居民的可持续发展，提供充足的就业岗位，实现村民从安居到乐业的顺利过渡。

## 第五节　乡村振兴片区

2022 年，青岛市农业农村局和青岛市财政局联合印发了《青岛市级乡村振兴示范片区项目建设和资金奖补实施方案》的通知，指出“统筹市级资金按照平均每个市级乡村振兴示范片区 1 亿元标准进行奖补。从 2022 年起根据财力情况分 4 个年度拨付，期间根据绩效评价情况进行差额奖补，不搞平均分配。并且每个示范片区的将对接国土和规划局，提供一定面积的经济经营性用地。”2022 年，青岛共完成了 10 个市级、36 个区市级乡村振兴示范片区的建设，并且以资金和土地为基础保障，推动了乡村振兴片区的持续建设。虽然青岛的乡村振兴片区较多地脱胎于田园综合体，但是又绝对有别于田园综合体。2017 年中央一号文件提出“田园综合体”的概念后，国家、省级财政部门农开办专门设立了田园综合体发展专项，扶持了一批国家级与省级田园综合体的建设项目，青岛同期也高标准地规划了大量田园综合体。

可随着国家部委机构改革，财政部农开办划归农业农村部之后，发展告一段落。因此近年来从国家到地方都开始逐渐放冷田园综合体，开始冷静思考乡村发展的正确方向。不过，不可否认的是，田园综合体建设前期的资金投入确实给乡村发展奠定了一定的基础，如杨家山里的田园综合体发展已进行了大量投入和建设，大大加快了该地的乡村振兴片区建设的速度，后期的持续投入也把该地的乡村振兴片区建设推向了更高的水平，成了青岛非常有代表性的乡村振兴示范区。

乡村振兴片区真正的意义，应该是规模发展的示范作用，探索出科学的发展道路，为青岛其他新村的发展提供借鉴和参考。在建设中，应该打破原有的行政、地理、组织等边界，积极整合资源、扩大规模，遵循以村庄群发展取代村庄个体的发展思路，增强抗风险能力和提高规模效益。

# 第九章｜青岛的乡村发展思考

乡村振兴被称为中国的世纪战略，站在历史“十字路口”，阅读青岛乡村发展这部波澜壮阔的发展史书，有太多的感悟、不解和困惑。希望若干年后，我辈的思考能为后人带去这段辉煌历程的浮光掠影，即已心满意足。

# 第一节 乡与城

青岛市的人口规模已超千万，虽然近年来行政村数量大幅缩减，但是客观上仍属于大农村的格局，所以其基本市情仍然是大都市、大农村。青岛网格村的数量与中心城区的距离成正比：崂山区因崂山风景名胜区而保留了一定数量的乡村；平度市、莱西市面积占青岛总面积的 42%，村庄数量占青岛乡村总数量的 48%。村民的可支配收入也呈现出由中心向外圈层递减的趋势：2021 年农村居民平均可支配收入为 26855 元，其中崂山区最高 29615 元，平度市最低 25196 元。

部分生活指标的逐年增长及恩格尔系数的变化也说明了青岛市城乡居民的生活在不断改善，城乡收入差距在进一步缩小，但是全市的城乡居民收入比仍然为 2.44:1。截至 2021 年，虽然青岛的城镇化水平已达到 77.17%，但事实上其城镇化水平发展驱缓，除去土地制度、户籍制度等传统因素外，产业结构也在一定程度上影响着城镇化的进程。城市对乡村的吸引力较大，为村民提供了短距离进城务工的可能，但是第三产业的不稳定性，又不能给予他们足够的安居乐业的可能，村民更习惯工作在城、居住在乡。

青岛现在虽然已形成“大青岛”的框架，但内容还有待丰富，且对市域经济以及周边城市发展的辐射作用还不够。除此之外，青岛市主城区周边也缺少可以辐射的中等城市，发挥不了城市集聚效应。青岛市主城区对于周边的县级市带动力不足，这也说明了青岛市第三产业的发展还不够发达。乡村振兴的着力点不仅在乡村，还有城乡的连接点——小城镇。小城镇既是城市梯次结构的基点，又是农村的政治、经济、社会中心。目前，小城镇建设是青岛整个城镇体系建设中的薄弱环节。青岛市城镇人口的增加速度滞后于城镇面积的增加速度，主要是由于很多中心镇缺乏支撑经济发展的支柱产业，致使其发展缓慢，继而基础设施落后，造成了吸引力匮乏的状态。

# 第二节　乡与土

对乡村的传统认知是一种区别于城市的、农业经济主导下的社会空间，在这个空间中乡与土是最基本的一对要素。理解青岛的乡村，首先从分析人地关系开始。2021 年公布的《青岛市第三次国土调查主要数据公报》显示，青岛有耕地 43.6 平方千米，种植园地 8.1 平方千米且九成以上是果园，青岛的耕地和园地占总陆域面积的 45.8%。同时，2021 年青岛市农村人口 238.3 万，占全市常住人口的 23.7%。

在对乡土关系重要性认知的广泛共识下，欲探求青岛的乡土关系呈现的特征，可从人地规模与第一产业结构两方面分析。以平度为例，从人地规模上，平度市耕地、园地规模占全市总量的近 40%，农业人口占全市农业人口的 27.4%，粮食总产量占全市的近 50%，以粮食生产为主，主要作物为玉米和小麦。再看莱西市，莱西市 62% 左右的土地是耕地、园地，其耕地、园地面积和人口规模都比平度少一半左右。但是莱西市的 3799 户农民加入了专业合作社，侧面反映出莱西市乡村治理的典型性。即墨区的最大特点是农村人口多，但是耕地少，54 万的农业人口仅次于平度市。即墨区受青岛城镇化影响较大，有大量耕地转为城镇建设用地，但是人口的城镇化落后，这给未来乡村发展留下了隐患。其次，从第一产业结构上来看，各区县也各有特色。平度市、莱西市的园地占全市的 55% 以上，粮食、蔬菜、水果生产的主阵地都位于这两个城市；即墨区渔业发达，即墨区第一产业产值中近 50% 是以海水养殖为主的渔业；城阳区的第一产业主要为水产品，耕地较少；而崂山区则为茶叶种植。可以看出，靠山吃山、靠海吃海，近海区县的第一产业类型各具多元化，发展态势也更好。

# 第三节 乡与人

青岛市乡村数量几经变更，2019 年有 5876 个行政村，2022 年有 896 个行政新村。本书中的研究对象主要是 2019 年前的行政村。面对青岛庞大的乡村体量，2020 年，青岛开始对村庄布局结构进行优化调整，以莱西市党支部融合为先锋，开启了产业融合、居住融合、组织融合等多种模式的调整进程。从表 9.1 可以看出，调整后，青岛的行政村数量减少了近 5000 个。

表 9.1 青岛行政村数量变化（单位：个）

| 区县 | 2019 年 | 2020 年 | 变化量 |
|---|---|---|---|
| 崂山区 | 109 | 69 | −40 |
| 西海岸新区 | 1110 | 145 | −965 |
| 城阳区 | 194 | 17 | −177 |
| 即墨区 | 1032 | 136 | −896 |
| 胶州市 | 779 | 120 | −659 |
| 平度市 | 1791 | 298 | −1493 |
| 莱西市 | 861 | 111 | −750 |
| 合计 | 5876 | 896 | −4980 |

结构调整前，青岛的村庄数量多、密度大，这些村庄星星点点地分布在青岛的大地上，大部分村庄规模不大，近一半的村人口小于 500 人，村庄的分布与传统农业的耕地半径密切相关。青岛市平均每个村庄 268 户，800 人左右，但是人均建设用地面积却达到 245 平方米，人口规模小、建设用地集聚度低，给配套设施建设带来了层层困难。在数量庞大的村庄中，城中村有 555 个，城边村有 309 个，镇驻地村有 1608 个，这就说明很多村庄是需要通过城郊融合战略来实现提升的。

在乡村建设过程中，从社会主义新农村改造、环境整治、“美丽乡村”到乡村振兴，都需要大规模的乡村人居环境改善，基础设施和公共服务设施的建设，投入很大，但是其改造速度缓慢、效益较小，特别是农村的废水排放、燃气供应等仍难以规模化解决。据2019年青岛市乡村公共服务设施的统计数据，医疗点普及率最高达59.3%，有幼儿园的村庄占29.2%，有养老设施的村庄占7.7%。随着城镇化的发展，青岛市乡村的空心化、老龄化进一步凸显，乡村中65岁以上的老人占20%以上，大多数乡村的空置率高达30%，老年人守着空旷的乡村异常沉寂，乡村陷入衰败的边缘。乡村人居环境改善难以维系的同时，产业的规模化发展也面临同样的掣肘。

在乡村治理上，结构调整前，每个小城镇在日常管理中发挥着“以一当百”的作用，面对的基础工作非常复杂，服务的对象群体也非常庞大，因此，小城镇在实际管理中不得不增加治理层级，形成了“镇—社区—村”的三级管理模式（见表9.2），这也在客观上造成了“社区”的过度使用。

表9.2 青岛镇村比例变化

| 区县 | 2019镇村比 | 2020镇村比 | 镇数量（个） |
|---|---|---|---|
| 崂山区 | 0 | 0 | 0 |
| 西海岸 | 111 | 15 | 10 |
| 城阳区 | 0 | 0 | 0 |
| 即墨区 | 147 | 19 | 7 |
| 胶州市 | 130 | 20 | 6 |
| 平度市 | 149 | 25 | 12 |
| 莱西市 | 108 | 14 | 8 |
| 合计 | 645 | 93 | 43 |

近年来，伴随着国土空间规划的改革，青岛市也对行政村进行了适度的改革。在吸取了前期“合村并居”大刀阔斧改革的教训后，本轮改革采用“合村不并居”的模式，从行政建制角度解决乡村发展的规模问题。在改革中，平均7个行政村合并为1个新村，通过村民投票实现集体合一，在此过程中乡村治理下移，形成“镇—新村—网格村”的三级管理模式，乡村发展和治理的核心从原来的“社区”变成了现在的“新村”，乡村自治推动了乡村振兴的积极性。与此同时，人才短缺的困境也得以缓解。而更为重要的是，随着集体边界的扩大，村居、人口、设施、土地等流转交易也成为可能，大大提高了村集体的资源利用效率，为新村的规模建设、农业规模经营提供了可能。

## 第四节　人与业

青岛市虽然是我国沿海的发达城市，但是区域内乡村的发展仍然不均衡，乡村间的产业类型也存在较大差异。2019 年，青岛市 76.7% 的村庄以第一产业为主，主要为粮食、蔬果种植；10.1% 的村庄以第三产业为主，发展乡村旅游的村庄仅占 3.6%，发展农村电商的村庄也仅有 6.5%。青岛行政村的村域面积中 64.2% 为基本农田，10.6% 为村庄宅基地建设用地；土地以分散经营为主，仅有 10.1% 的土地流转，大部分土地在村民手中分散经营，集体建设用地仅占 1.1%，这也在一定程度上说明了乡村中集体经济的发展非常弱小。

贺雪峰教授将我国的乡村按照产业类型分为三类，分别是工业化乡村、新业态乡村和农业乡村。对乡村来说，产业兴旺无非是发展工业、乡村旅游和扩大农业规模等三种有效路径。在生态文明下腹地乡村发展乡村工业的机遇早已经丧失，村庄工业化在绝大多数的乡村是走不通的。青岛的城边村，在城镇化的进程推动下走工业化发展的道路还有可能，但是这些乡村土地更容易受资本的影响而被征收，从而失去发展工业的可能。近些年，乡村旅游成为乡村发展的热门，很多地方都在积极推行、实践乡村旅游，甚至把乡村旅游看作乡村振兴的“救命稻草”，认为乡村旅游可以将乡村发展推向新的快车道。从青岛的代表性乡村可以看到，滨海乡村发展旅游业的优势大小依次是景区村、山区村、滨河村、平原村等。最为普遍、优势最小的其实还是一般的农业乡村，这类乡村的发展路径只能依靠扩大原有的生产规模或者延长产业链。青岛的这类乡村在发展中选择了两种路径：一种是扩大乡村规模即设立新村，另一种是成片发展即设立乡村振兴片区。新村改革对以农业为主导的乡村的发展具有更大的意义。青岛市第一个新农村社区合村并居的样板项目——龙泉湖社区就是新村的典型代表，早在 2014 年，龙泉湖社区便通过强大的集体经济带动乡村发展，进行了新居建设，并吸引了周边村集体主动加入，形成了新社区。

依据推动乡村产业发展的动力的不同，可以把乡村发展分为“输血”式、“换血”式和“造血”式三种发展类型。“输血”式发展是指乡村的发展动力主要依赖政府主导下的外力支持，从村居建设、集体经济创收、农产品销售等，都是依赖政府的财政拨款实现的；或者引进来自不同部门人才的发展理念，如在上级政府派驻的“乡村工作队”“第一书记”的带动下，进行具有特色的发展探索，如西海岸新区的王家台后村的发展就是依靠第一书记带动村民发展的网红经济；“输血”式乡村的发展不具有可持续性。“换血”式发展是指乡村发展借助社会资本驱动，乡村发展主动权基本交由外力进行；该类型乡村的发展建设具有企业化经营管理的趋势，但是在脱胎换骨式发展中容易迷失乡村自我，甚至使乡村走向消失。“造血”式发展的乡村发展依靠强劲的集体经济实现自我成长式的发展；这类乡村往往需要具有可观的经济效益，或者通过“头雁”效应凝聚强有力的集体而大力发展集体经济，村民有较大的自主权和参与感，共同走向共治的、可持续的发展之路，如崂山区东麦窑村就是这类典型。

对于一些有“头雁”的乡村，没有资源的就另辟蹊径，有资源的可以放大资源的效益，在自我实现式发展中，逐步引入社会资本，形成“经营合作社 + 企业”的发展升级，这类乡村集体话语权大，村民利益能够较好地实现。但是，那些既没有资源也没有“头雁”的普通乡村才是青岛乡村中的绝大多数，也仅能靠“输血”进行推动发展。

目前，青岛市村庄集体经济实力普遍偏弱。据 2019 年的统计数据，集体负债或无集体收入的村庄占总数的 63.6%；同时，青岛市农业产业化经营的覆盖面还很小，农村居民合作社实际入社率不足 50%，已经建立的各种合作组织普遍存在组织化程度不高、管理和运行不规范，成员之间大多仅限于技术交流与服务、合作生产与参与市场竞争意愿不强等问题。

## 第五节　人与文

乡村承载着重要的意义系统，是中国传统文化的根与魂。同样，青岛市多元的乡村文化也丰富了青岛的文化传统和精神文明。青岛市的乡村多为明清时期移民而建的，文化背景比较多元，这也形成了海洋和大陆两大乡村文明系统，从信仰、生活习俗到饮食等都有一定的差别。

青岛的滨海乡村，海洋文化氛围浓厚，海洋信仰、海洋饮食、海洋聚落等，都已经成为村庄的文化资源，在推动乡村旅游中发挥着极大的作用。周戈庄的“田横祭海”作为文化品牌和节庆活动定期举办，港东村的妈祖祭典、金口村的妈祖庙会等传统文化的活动举办，都通过文化集聚的方式吸引着游客，创造了经济价值。

随着越来越多的年轻人离开乡村，接受多元文化的洗礼，也将外来文化通过各种方式带回乡村，外来文化的冲击与多元文化的泛化，使得乡村文化快速退；将联系村民的地缘纽带割破，集体的凝聚力逐步遗失。乡村的集体经济发展首先应从乡村文化的培育开始，村民精神的回归才是集体经济发展的基础。

## 第六节　乡与治

青岛市的乡村振兴，迫切需要解决的核心问题是乡村的土地问题。乡村土地的“三权”分置已经从设想走向了实施阶段，在保护农民的土地承包权、经营权的同时，如何实现土地规模经营的预期是亟待解决的难题，目前鲜少有大规模的土地流转而形成农业规模化的成功案例。新村或乡村振兴示范片区，能否形成有效的管理机制行使土地所有权，土地能否作为生产资源由村集体进行租赁所获租金“按权分配”，这些问题也需要在实践中验证。怎样放大新村的权利，以土地权利分配重新组织村民，激发村民的主体性也是需要考虑的问题。

同时，在乡村的治理的模式上，可以参照“莱西模式”和西海岸的“德育模式”。莱西市的乡村治理历程可以追溯到改革开放初，在全国率先建立了村级党组织，并逐步探索出了一套以党支部为核心、以村民自治为基础、以集体经济为依托的村级组织建设经验。1990 年，“莱西会议”对这一经验做法进行了肯定，并向全国推广。2009 年，根据《中共山东省委、山东省人民政府关于推进农村社区建设的意见》，莱西市又率先确定了“一村一社区”的社区建设模式，以原有村庄建置为单位组织社区建设，将乡村治理与时代相结合，深化社区治理。2019 年，在青岛进行村庄结构调整时，莱西市仅用 3 个月时间就把行政村数量从 861 个调整为 142 个，以党支部合并带动村庄合并，村民代表参与率达到 80% 以上。2020 年 8 月，莱西市“‘一统领三融合’打造乡村治理新格局”的案例成功入选了全国乡村振兴典型范例。西海岸的“德育模式”也非常具有特色，由新村党支部领办，实施“1+5+N”的积分赋能物质奖励，激励群众积极参与到乡村文明创建中，提升了乡村治理效能，并且数字化赋能，以德育银行App推动助农信息直达等。2022年，“创建乡村治理‘德育模式’”入选山东省乡村振兴典型案例。

# 参考文献

[1] 秦庆武．从温饱到总体小康的历史跃迁——山东农村改革 30 年回顾与前瞻 [J]. 山东行政学院山东省经济管理干部学院学报，2008（06）：1−6.

[2] 申明锐，张京祥．新型城镇化背景下的中国乡村转型与复兴 [J]. 城市规划，2015，39（01）：30−34.

[3] 何笙，张瑞平，杜永健．青岛脱贫攻坚亮出阶段成果——《不忘初心绘蓝图，精准脱贫攻坚战》展览日前举行 [J]. 走向世界，2016（46）：38−40.

[4] 宋宁而，宋枫卓．海神信仰的“叠合认同”建构——基于山东周戈庄村“龙王—妈祖”信仰的调查 [J]. 南海学刊，2020，6（04）：98−107.

[5] 宋春伦，秦海燕，厉子龙，张哲宣，高秦．基于温州沿海旅游地质资源的研学旅行课程设计及思路 [J]. 浙江大学学报（理学版），2022，49（02）：239−248.

[6] 韩海燕，吕建军．东麦窑：山海之间的“味道”[J]. 走向世界，2020（24）：40−43.

[7] 陈娜．八村抱团 穷山沟变“聚宝盆”——山东省青岛市西海岸新区铁山街道杨家山里产业发展实践 [J]. 农村经营管理，2020（12）：47−48.